JN132105

野球のまち阿南をつくった男

日本に唯一の初代野球課長

田上重之

大学教育出版

はじめに

同級生や近所の子ども達といっしょに野球がしたかったが、身体に障害があったためにできませんでした。大人になったある日、近所の友達が誘ってくれたことがキッカケで、野球に挑戦。選手だけが野球じゃない、監督や事務局だったらできることに気が付きました。

市の顔となる事業を作ろうとしていた市長に、地域で盛んに行われている野球でまちづくりを提案し、快諾を得て市長の肝いり事業として、全国で初めて設置された「野球のまち推進課」の課長として、「野球のまち阿南」のキャッチフレーズのもと、「プロ野球よりも草野球」「野球選手は観光客」など、斬新な発想のもと次々と事業化をしました。そして新たな事業に取り組み、野球と観光をセットにした「野球観光ツアー」、60歳以上の女性で構成するチアーガール「ABO60」、観光施設「89番野球寺」、雪国の高校野球出場校の「選抜直前合宿」など、以前からあったのは野球場だけ、あとはすべて、斬新な発想と才覚で、宿泊観光客ゼロの町と言われた阿南市に野球だけで年間の宿泊客延べ５０００人、日帰り客６０００人、経済効果約1億３０００万円の事業を創出することができたのです。

このようなユニークな事業を推進することができた背景には、市民の皆さんの協力と全国の野球を愛する人達の応援によるところが大きかったと思います。本書は、お世話になった皆様へのお礼と、スポーツによるまちづくりに取り組まれる皆様の参考にしていただければと思い、書き記すことにしました。

２０２1年2月

田上　重之

野球のまち阿南をつくった男

目次

第11章　全国のメディアが認めた「野球のまち阿南」……181

野球のまち阿南をつくった男

第1章　野球について（野球をどのようにとらえているのか）

1　自己主張であり、生きがいとして取り組んだ野球

科学や文化がどんなに進んでも世の中は予断と偏見に満ちていると思う。まだ若いころ野球チームの監督を始めたころ、私が試合会場に行くと相手チームの選手達が、ゲラゲラ笑いながら「背番号30番付けとるのであいつが監督や、あんなんが監督やったら強いはずがない」と囃したててくるのです。「なにくそ！　絶対に勝ってやる」と思いました。選手達もすごくよく分かってくれていて、そんなことがあった試合は圧倒的大差で勝利したものです。

私宛に送られたハガキに「前段省略……小学生時代は白球を追いかけた、笑わすな嘘八百でないか、一人前の体でないのに何故野球ができる……」と書かれていました。この偏

見は、私の少年時代も現代もそれほど変わらないように思います。少年時代、私の将来はいったいどうなるのだろうかという不安で一杯でした。

私が、野球に打ち込むようになったのは、選手としては、走れない、守れない、体が弱くていつ故障するかわからない最低の選手でしたが、野球には、監督や事務局という、なくてはならないポジションがあることに気が付いたからなのです。

我々の時代は、スポーツといえば野球でした。みんなと一緒にプレーしたかったが、同じようにできなかった悔しさが、バネになって、こんな五体不満足な人間であっても一人

野球のマチで税金を年間いくら使っている
か、広報で明確にせい、お前の月給も我々の
税金である、小学生時代は白球を追いかけ
た、笑わすな嘘八百でないか、
一人前の体でないのに何故野球ができる
小学生、何年から何年までしたと公開せい
岩浅嘉仁の賞与と税金の無駄使い
以外にない。この際公務員をやめなさい
勧告する

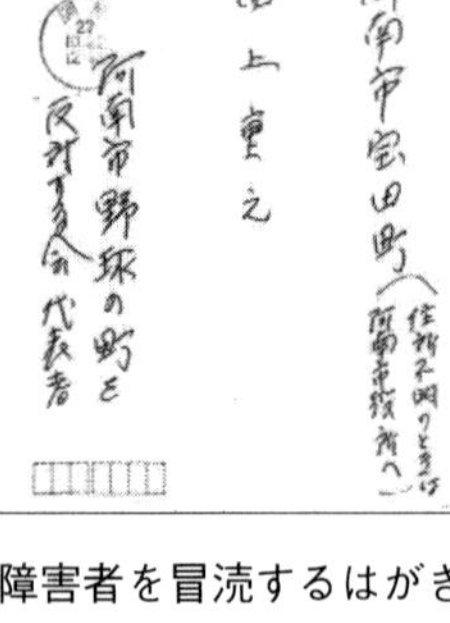

障害者を冒涜するはがき

前に生きてこられたと思っています。

両親からは、しょっちゅう人一倍勉強するようにと言われました。手に職を付けるか、内職のような仕事をするしかないとも言われていました。そんな少年時代に体に障害があり、走ったり飛んだり跳ねたりは、うまくできなかったのですが、毎晩のようにテレビで放送される野球中継の投手のマネをしながら、小学４年生から毎日のように家のブロック塀に炭で書いたストライクゾーンを目がけてピッチング練習をして、６年生くらいになったころ、いつのまにか、体力が付いてきて、だいたい思ったところに投げられるようになっていました。

そこで近所の友達とチームを作って試合をしました。練習してきた投球はだいたいできたように思いました。コースいっぱいに投げて凡打を打たせて打ち取ることに気を配りながら投球しました。体育の時間は見学でも、近くの神社に友達を集めてソフトボールの試合を毎日のようにしましたが、友達と同じようにできなかったことが残念であったし悔しかったことがずっと心の中にあり、将来機会があったら野球がしたいと思うようになっていたのでした。

2　長嶋さん、王さんに憧れて野球ファンに

１９５０年代後半から１９６０年代前半の私の少年時代は、スポーツと言えば、野球か相撲の時代で、テレビを点けると毎日のように夜は、プロ野球のナイター中継、昼は、高校野球や大学野球の実況中継というような状況で、私も子どものときから野球少年に何の抵抗もありませんでした。

特に巨人の長嶋さんのダイナミックなミスターオーバーとも言われたプレー。ショートの前のゴロをサードからショートの前までダッシュしてきて捕球し、走りながら一塁へ矢のような送球。その後、送球のボールを追うように一塁方向に走ってセカンドの前くらいまで行くのを見て、オーラを感じました。また、ここで打って欲しいなと思ったとき、必ずと言ってよいほど打ってくれました。そして、王選手のホームラン、荒川コーチとのマンツーマンで身に付けた一本足打法、栄光にたどり着く努力の過程をテレビの解説などで聞き、ますます野球に興味を持つようになり、小学校４年生のころくらいから、新聞を切り抜き、広告の裏等不要な紙に貼り付けていました。

この時代の子ども達のほとんどがそうであったように、身体に障害があり、とても野球

などできるはずがない私までもが、大人になったらプロ野球選手になりたいと思うようにさせた野球の魅力は大きく、野球が国民的スポーツであり、選手はスターであり高給取りであり憧れだったのです。

3　障害者だからこそ最もメジャーな野球で自分の存在をアピール

中学生のときに、自分の障害に気づき野球をすることをあきらめました。辛かったし寂しかったです。自分の将来はどうなるのだろうか？　仕事に就けるのだろうか？40歳くらいで歩けなくなり、短命で終わるのだろうかなど不安で一杯でした。社会人になっても「あの人は、あんな体やから」と一人前に扱ってもらえないこともありました。

家族や多くの友達の励ましにより一般の中学・高校を卒業することができましたし、地元の阿南市役所に就職し、結婚することもでき、息子と一緒に野球に関わることもできましたが、辛かった時にはいつも「ナニクソ負けてたまるか」と自分に檄を飛ばし頑張ってきました。

野球をすることをすっかり諦めていた25歳の時に、近所の友達グループで作った早起き野球のチームは、私にとっては「健常者に負けない」という自分の存在を示す格好の機会

筆者（絵：羽尻利門）

を与えてくれたのでした。

野球には勝ち負けがあり、はっきりと、頑張った人とそうでない人の区別がつきます。そして、何よりも野球は、選手だけでなく監督・審判・事務局・放送・記録などいろいろな役割の人がいなければできないことに気が付きました。「ようし、野球でとことん勝負してみよう」。人並みの人間として認めさせる戦いだと決意しました。何がなんでもやりとげるのだという強い気持ちが、野球ができる喜びに増幅される結果となり、野球課長として、全日本早起き野球協会の事務局長として、頑張ることができたように思います。

特に早起き野球は、指導者の頑張りがチームの成績に大きく影響します。早朝の試合ですので、試合開始までに選手を集めること、選手間の人間関係について、気配り目配り面倒見の良さが要求されます。

4　逆転の発想に気づく（物の見方考え方）

30歳くらいのとき、良い整形外科の先生がいるので、診てもらいなさいと勧められたので、その先生の病院に行ったら、検査結果やレントゲン写真を見て言われた言葉に目が覚めたような気がしました。「体が小さかったから今でも歩けているのですよ、普通の身長・体重で、その筋力だったら、もう歩けなくなっていたでしょう」。ものごとは考え方で大きく変わるものだなと、つくづく思いました。

少年野球のノックを打たせたら日本一だと言ってくれた人がいました。私のように少年と同じ角度で、同じ強さで打つことができる人はいないというのです。なるほど、そう言われてみると大人の打ったノックは子どもにしたら試合では飛んでこないような角度の打球になっていてあまり試合を想定した練習にはなっていません。発想を転換して物事を考えて見ることが人を成長させる要素をもっていると思

野球のまちのマスコット
あなんくん（女性職員がデザイン）

いました。これも野球を通して教えてもらったことでした。

窮地に立ったとき諦めずいろんな角度から、また、いろんな人の意見を聞いて少しずつ状況を改善していくことができるようになっていきました。ハンディーをプラスに変える力は自分一人の力で達成できるものでなく、また、一時の思い付きや頑張りではできるものでなく、感謝の心を持ちながら日頃の取り組む姿勢を大切にしなければできないことだと思います。

5　息子と二人三脚で野球ができた喜び

息子（一人息子・宏幸）に野球をして欲しいと思い小さい時から、ボールやグラブを買ってやったり、キャッチボールをしたり、自分の野球の試合に連れて行ったりしました。小学校3年生から少年野球チームに入ることになり、毎日のように親子で小学校のグラウンドに行くようにもなって、

息子と二人三脚で「少年野球チーム宝田ダックス」の監督

小学5年生の時に少年野球チーム宝田ダックスの監督になることになり、一緒に少年野球を楽しむことができました。妻も協力してくれて家族で少年野球に全力投球の日々をおくらせてもらいました。

その後、中学・高校・社会人と野球を続けることになり、共通の趣味である野球を通じて、親子の交わりができるようになりました。また、息子の同級生を主体にした早起き野球チーム「ミラクル」の監督（息子が主将）を約7年務めることになり、毎週のように各地の野球グラウンドを駆け巡り野球を堪能させてもらいました。一緒に県外の大会に行くこともしばしばで、全日本早起き野球大会は、横手市で行われた全日本の大会の時にベスト8まで進み、西日本早起き野球大会は、3回準優勝しました。飲みにも一緒によく行きました。野球のお陰だと思っています。

6　少年野球の名門宝田ダックスの元監督鈴江喜久治さんとの出会い

私が少年野球宝田ダックスの監督をしていた時に元監督の鈴江喜久治さんに野球の指導方法の根本を教えていただきました。鈴江さんは、池田高校・巨人で大活躍し、2020年まで巨人の投手コーチを務めた水野雄仁さんを育てたことで有名ですが、鈴江さんには野球の技術的なことはもちろんですが、それよりも人の使い方、活かし方を教えてもらいました。

子ども達にボールの係、バットの係等の係をつくり、それぞれに主任さんという責任者を任命して、子ども達にプライドを持たせるとともに責任感を与えて準備や片付けをさせるのです。キャプテンには、「君は船で言えば船長なのだ。偉いんだ。みんながきちんと片付けができているか観察して、指示をしなさい」と教えるのです。

ボールが一つなくなっていても練習は終了にならないのです。物を大切にすることを教えるのです。自分でするのは簡単、如何にして人に喜んで動いてもらうにはどうするか教えてもらいました。経験は「野球のまち」の事業のいたるところに生きています。みんなが主役なのです。

第2章 身体障害者の私がなぜ「野球の課」を創り、全国から人を呼び込むことができたのか？

1　体育の時間は見学。でも、みんなと一緒に野球がしたかった。

私は、1952年7月20日に田上家の長男として、生まれました。生まれたときの体重は2200g、身長30㎝、頭の大きさが大人の握りこぶしくらいしかなかったそうです。大人になった今でも身長1m20㎝、体重40㎏、小学校低学年の体格しかなく、骨、筋肉ともにもろく、疲れやすくスポーツにはまったく縁がないものと、物心ついたときには自分でも思っていました。

学校での体育の時間は、ほとんどが見学でしたが、家に帰ってくると近所の自分と同じ年くらいの子ども達を集めて、近くの神社や田んぼで、野球やソフトボールに興じるようになって、野球やソフトボールだったらみんなと一緒にできることがすごく嬉しかったです。子ども同士で勝手にルールを決めて時間を忘れて遊んでいたとき、いつのまにかリーダーになっていました。小学3年生の時の作文に「大人になったらプロ野球選手になりたい」と書いた記憶があります。作文を読んだ人は、体育の時間でさえ見学している子がプロ野球選手になりたいとは、さぞかし面白かったと思いますが、私としては大まじめで、5年生になったくらいから、よく学校から帰ってくると家のブロック塀にストライクゾーンを炭で書いて、そのゾーンめがけて毎日100球くらいは、投球練習をしていました。

2　初めての試合でいつのまにか監督に

近所の友達グループで作ったチームは、土地の名前と近くに大きな川があることから「中野島リバーズ」と名付け、阿南市あかつき野球連盟に加盟することにしました。

1979年、中野島リバーズ監督として（県営鳴門球場）

阿南市では、早朝に野球をする団体を「あかつき野球」と言いますが、全国的には「早起き野球」と言われています。

調べてみると一番試合数が多かったので、あかつき野球に加入したのですが、始めてみると朝6時に選手を集めるということは大変なことでした。5時に起きて、5時半にはグラウンドに行っていないといけない。遅刻の常連は家に寄って起こさなければ必ず来てくれる保証はない。今のように携帯電話がある訳ではなく、あらかじめ日程表を渡しておいて、なおかつ2日くらい前に電話で確認してから当日の試合に臨むのですが、試合が始まるとホッとするというような感じで、本当に大変でした。チーム結成当初は連戦連敗のすごく弱かったチームが、猛練習と選手の補強をしたりして、戦力強化したこともあって、1年目の前期は、Cクラスで準優勝、後期はBクラスに昇格して、すぐに優勝と快進撃で、2年目には、Aクラスに昇格しました。

3　阿南市の早起き野球チームの監督・連盟事務局長に

1985年6月にそれまで、連盟創設時から長く事務局長を務めてきた乾智之さんが、息子さんの野球のことや仕事の関係で退任されたので、前任の乾さんからの依頼を受けて、急遽事務局長を引き継ぐことになり、ますます大好きな野球に専念することになりました。

4　役員として、全国の大会や会議に参加し、人と地域の実情を知る

１９８６年2月に岡山市で毎年開催されている西日本早起き野球協会（全日本早起き野球協会は6ブロックで構成されているが、その中の１ブロック）の総会に初めて参加しました（これ以降西日本早起き野球協会は西日本協会とする）。

西日本といっても近畿・中国・四国の各府県で構成されていて、その府県から約20名が出席していましたが、どの人もその府県を代表して出席しているだけあって、地域の状況を把握していなければできないような発言をしていることが印象的でした。その中でも、当時の会長の石橋武さんは、全日本早起き野球協会の理事

早起き野球チームの監督「第14回全日本選抜早起き野球大会（横須賀スタジアム）」

長を務めたこともある人で、東北大学から読売新聞社に入り岡山支社に勤務され、縁あって当時は岡山日日新聞に在籍しておられた方で、職業柄なんでしょうか、何事においても研究心旺盛でまさに生き字引のような方で、いろんなことを教えていただきました。

副会長の石本秀男さんは、兵庫県の尼崎の方で、早起き野球の他にボランティア活動で「幸せを分つ会」という団体を主宰していて、私も協力させていただいたこともありました。

もう一人の副会長安井雅道さんは、佛教大学野球部出身で京都の岡崎黒谷寺のご住職で、現在の会長の姫路の吉田正信さんは、兵庫県の高校野球の審判部に属している審判員であり、詩吟の世界で有名な方です。野球大会の交流会でいつも自慢の喉で会場を盛り上げて下さっています。そんなふうに職業はまちまちですし、経歴も本当に多彩なのです。皆さんを紹介できないのが残念ですが、30年あまりお付き合いをさせていただいていますが、野球という共通の趣味から、野球大会の運営や組織づくり等協力しあいながら諸課題を解決していくなかで生まれて来た信頼関係は、私の人生において貴重な財産となっています。

5　全日本早起き野球協会の関係者との出会い

1990年2月には、毎年、東京銀座にあるサッポロビール株式会社の東京支社で開催されている全日本早起き野球協会（早起き野球の全国組織、全国30の都道県から8000チーム15万人が加入・毎年早起き野球の日本一を決める全日本大会が開催されている。これ以降全日本早起き野球協会は全日本協会）の総会に参加（現在は、恵比寿のサッポロビール株式会社の本社で行われている）。約100名の参加者と活発な議事とスムーズな会議運営に感動しました。こんな難しい案件をどうやってまとめるのかと思っていたら、先に開いた常務理事会で、すでに根回しができていると

全日本早起き野球協会総会の様子　サッポロビール（株）本社講堂

のことで、予定時間にぴたりと閉会したのに改めて感心しました。

この全日本早起き野球協会という全国組織の特徴は、「健康と親睦」を大きな目標にしているだけあって、こまごまと規則で縛ることを嫌うところがあり、楽しく好きな野球をやりたい人達の集まり的なところが、私は気に入っています。それは、サッポロビール株式会社が、１９８１年の全日本協会創立以来一貫して協賛していて、「勝っても負けてもサッポロビール」のキャッチフレーズにあるように、試合は試合であって、健康と親睦が一番の目標の大会であるということを大切にしなければいけないという考え方が協会役員には浸透しているのです。

初めて参加した総会の時も新年会を兼ねていたそうで、会議終了後続いて、すぐ近くにあるサッポロライオンで、懇親会があり大勢の野球大好き人間とグラスを交わしましたが、初めから終わりまで野球の話ばかりでした。ひと箱持っていた名刺がほとんどなくなってしまうくらい多くの人と話ができたことが、何よりも楽しかったし良かったと思います。

このとき初めてお会いした全日本協会会長の吉松俊一さんは、慈恵医大出身で長野県にある国立長野病院の院長先生であるとともに、プロ野球11球団のチームドクターをしていたこともある有名な整形外科医であり、スポーツ医学の権威者として有名な人でもあり、

「野球のまち阿南」の事業に着手するときに、そのモデルとなった全日本生涯野球大会を始めた人なのです。人の出会いとは、どこから始まるかまったくわかりません。国立病院の院長先生であるそんな偉い人と親しくお話しをさせていただくようになるとはまったく予期せぬことが起こったものだとビックリしましたが、吉松会長は、今でも全日本協会の名誉会長ですが、大変やさしいお人柄で、むちゃくちゃ野球好きで、87歳になった今でも守備はピッチャー、背番号は3番と決まっているのです。

6　全日本早起き野球協会の事務局長に

２００９年2月9日に行われた全日本早起き野球協会の総会において、私は事務局長に選出され就任することになりました。

総会が開会された2月9日の直前の1月30日に、全日本協会吉松会長の意向を受けて、全日本協会から阿部福次理事長、石本秀男副会長、西日本協会から安井雅道副会長がお越しになり、要件は、全日本協会の役員改選にあたり、全日本協会の事務局長に就任して欲しいとのことでした。私としては、市役所の職員ですので、市長に相談、市長の了承をいただいてから、お受けすることにしたのですが、この時点で、吉松会長さんはじめ全日本協会の幹部は、「野球のまち阿南」の取り組みについて、関心が高く早起き野球協会の運営も「野球のまち」の取り組みのように積極的に取り組んでほしいとのことだったのでお受けすることにしました。

全日本事務局長をお受けしてから、12年になります。早起き野球協会も創立40周年を迎え、宮入昭夫会長（長野）、内海勝洋理事長（宮城）、寺田壽副会長（北海道）、津久家英雄副会長（青森）、杉田榮治副会長（千葉）、吉田正信副会長（兵庫）、東家恭一副会長（熊本）、上村敏行事務局次長（宮崎）、城下弘幸会計（青森）を中心に時代の変遷に対応できる組織づくりを目指しているところですが、２０２０年に入って新型コロナウイルス感染症という、かつて経験したことのない社会環境下におかれ、その対応に苦慮しているところです。

第3章 野球で町おこしを発想

1　趣味でしてきた野球の経験と人脈を活かして町づくりに挑戦

身体に障害のある私を採用してくれる事業所は、ここしかないと思っていた阿南市役所に就職することができました。心底ありがたいと思いました。このとき、阿南市のために人一倍働かなければいけないと思いましたし、何か市のために自分にしかできない、周りの人があっと驚くようなことができないものかと密かに考えていました。

西日本早起き野球協会の役員に35歳から、全日本早起き野球協会の事務局長に55歳から就任して、大会役員やチームの引率や各種の会議のために全国各地に出向く機会が増え、多くの人に会いそれぞれの悩みや不安や解決しなければいけない諸課題を聞くことになりました。それらの解消に向けて東奔西走する日々が続きました。若いときから団体のお世話をさせていただいたことにより、人の世話をしたことのない人には経験できない多くのことを学ぶことができたことは、いつのまにか私の大きな財産となったように思います。

地域の状況も身をもって学ぶことができました。日本中、気候や風土に違いがあるように、野球についても地域で大きく違うことを実感として気が付きました。そこには、先人の苦労があり、頑張りがあり、今日の繁栄に繋がっていると強く感じました。

2　なぜ野球で町おこしなのか？

阿南の町おこしには、野球が最適である理由は、ズバリ、中高年齢の人達（以下中高年）の野球が盛んなことにあると思います。野球は、還暦野球や古希野球という名称で全国的に行われているように、中高年でもできる生涯スポーツでもあることはすでに実証されています。その上、野球選手にはお酒が好きな人が多いということも地域活性化を図る上では大切なことだと思います。

全国各地を訪れる中で、今まで気が付かなかった自分が生まれ育った阿南という町が大変野球が盛んで、野球熱の高い地域であることに気が付いたのです。

全国の野球事情に触れる機会がなければ、おそらく気が付かないままに終わっていたと思います。阿南市には、中高年の野球チームが多く存在するのが大きな特徴で、60歳以上の還暦野球チームが市内だけで10チームあります。徳島県全体でも16チームであることからも多いことが分かっていただけると思います。また、近隣の小松島市、鳴門市には、チームが存在しない上、県都の徳島市でも1チームしか存在しないのです。全国的にみても一つの市に1チームくらいが普通なのです。この大きな特徴に気がついたとき、長野県の生涯野球大会のように人を呼び込むことができないだろうかと思うようになったのです。

3　なぜ、日本中どこにもない発想ができたのか?

草野球で町おこし、60歳以上の女性たちのチアー、

JAアグリあなんスタジアム全景

野球観光ツアー、89番野球寺等、次々とアイデア商品の開発のように新規事業を開発できたことが、この事業の発展に大きく貢献することができたのですが、なぜ次々と発想することができたのでしょうか。

机の上でいくら頭をひねっても浮かんでこないと思います。「無駄話の中にヒントがある」という有名な言葉がありますが、無駄話を無駄なことだからと切り捨てたりせずに、私を訪ねてきてくれる人から、出先でお会いする人、偶然に会う知らない人等、いろいろな人との出会いを大切にしています。何気なく交わしている会話の中から、アイデアが生まれてくるものだと思っています。

草創期のメンバー（市職員・市議会議員・新聞記者）2009年3月

「野球観光ツアー」は、この事業を始めたころによく取り上げていただいた読売新聞徳島支局の浦野親典記者と会食していたときに浮かんだことを、実現できるようにしたものですし、「89番野球寺」は、有名なスポーツジャーナリスト二宮清純さんの提案でした。「ABO60」という60歳以上の女性たちのチアーは、彼女達からやりたいと言ってきたのでお願いすることになったのですが、批判的な意見もあり私以外の者がこの事業を担当していたら実現していなかっただろうと言われもしましたが、押し切って進めたら大ヒットしましたし、本人達にも喜んでもらえたのが何よりの成果であると確信しています。

このように、私が悩んで発想し捻り出したことは非常に少なく、第三者の声を基に事業化したものがほとんどなのです。今後もそういう姿勢を貫き、関係者に楽しんでいただくとともに、喜んでもらえるよう努めていきたいと思います。

4　長野県で開催の全日本生涯野球大会をモデルに！

(1)　吉松俊一先生との出会い

吉松俊一先生（以後先生）は、子どものときに結核を患ったことから、医者になることを決意されたそうです。そして、結核が完治して大好きな野球に打ち込めるようになったこともあり、スポーツ医学（整形外科医）を志すこととなり、医学の道を究められ、32歳の時に国立長野病院の整形外科医長として長野県に来られ、その後千曲中央病院の院長を務める等医者としての職責を果たしてこられるとともに、ロサンゼルスオリンピック・長野オリンピックの医療部長や日本プロ野球11球団のチームドクターを務める等、スポーツ医学の権威者として、著名な方です。

野球選手のマドンナ的存在で、ある時は暴走する先生のブレーキ役を果たされていた奥様の由紀子さんを早く亡くされた野球大好き人間の先生は、元広島カープの古葉竹識さん、漫画「あぶさん」の水島新司さん、元巨人軍の長嶋茂雄さん、王貞治さん、元ヤクルトの若松勉さん、大相撲の荒磯親方（横綱稀勢の里）等、多くの有名な方と親交があり、優しくて万年青年で、その人柄から先生を訪ねて来る方は後を絶ちません。面白い話としては、先生の患者さんに女優の松坂慶子さんと歌手の石川さゆりさんがおられるのですが、先生はいつも逆になってしまうのだそうです。つまり、松坂慶子さんが来られた時には、「さゆりさんいらっしゃい」になり、石川さゆりさんが来られた時は、「慶子さんいらっしゃい」になってしまうのだそうです。お二人とも慣れていて、先生の言われるとおり対応されているというお話をお聞きしました。先生らしくて楽しいですね。

最近は80歳野球の大会を考えておられるそうです。ますますお元気で頑張っていただきたいと思います。

そんな多忙な中、全日本早起き野球協会と全日本生涯野球連盟の創設や育成にご尽力してこられました。

また早起き野球では、全国の軟式野球の団体に調査票を送って状況を分析することから取り掛かり、調査に基づき全国の早起き野球関係者に呼びかけ、早起き野球の全国組織の立ち上げにあたり中心的な役割を果たしてこられました。

生涯野球（中高齢者の野球）は、今でこそ高齢者が普通に野球やスポーツを楽しんでいますが、１９８０年ごろくらいまでは、「年寄りがスポーツなんて危ないからやめとけ」といわれるような時代で、今のように中高齢者が楽しんでスポーツができるような状況ではなかったのです。

そのような中で、吉松先生が中心になり、試合中に血圧を測定し、聴診器をあて健康状態をチェックしながら試合をしてみたら、問題なく試合ができたことから中高齢者の野球（生涯野球）が普及し始めたのだそうです。先人の努力に感謝したいと思います。

１９８８年の早起き野球協会の会合で吉松先生に初めてお会いしたときに、長野県で行われている全日本生涯野球大会のことについて教えていただきました。中高年の野球が盛んな阿南市として、一度見学させていただきたいと思うようになったのです。

⑵　毎年長野県で開催の全日本生涯野球大会

全日本生涯野球大会は、「おとうさんの甲子園」とも呼ばれ、１９８９年に第１回大会が開催され、その後、毎年5月下旬か6月上旬に、長野県上田市の県営上田球場を主会場に開催されています。

年齢ごとにＡＢＣＤＥＦの６ブロックに分けて、その中で4チームごとのリーグ戦により2日間で３試合行い順位を競い優勝チームを決めます。投手は３イニングで交代。選手の人数は、守備の時は９人、攻撃の時は13人（攻撃だけの選手が４人）で行うようになっています。どこまでも健康に配慮したルールになっています。

最盛期には２１2チームが参加、９市町村（長野市・上田市・小諸市・東御市・須坂市・千曲市・坂城町・青木村・高山村）56グラウンドを使用。単一競技の大会としては国内最大規模の大会だと言われています。

⑶　野球のまちのモデルとなる全日本生涯野球大会を市長と共に視察

まだ野球に特化した部署が設置される5年前の２００5年5月、福祉事務所こども相談室で児童虐待の相談業務を担当していたのですが、当時の市長である岩浅嘉仁さん（以降岩浅さん）にユニークな野球の大会が長野県で開催されるのでぜひ一度視察して欲しいとお願いしたところ、大会のある日はちょうど東京で会議があるので、会議が終わったら長野まで行こうということになりました。

調べてみると岩浅さんが到着するくらいの時刻に、阿南から唯一参加している還暦野球チーム「阿南名球クラブ」が千曲市の河川敷グラウンドで試合をする予定になっていたので、河川敷グラウンドで合流するように計画を組みました。

阿南名球クラブは、阿南市の生涯野球連盟の創設にも重要な役割を務めていただいた兼任常雄さんが監督を務めているチームで、長野の全日本生涯野球大会には14回連続出場した大変熱心なチームです。岩浅さんが応援に来てくれたので、選手も感激したのか大張り切りでした。

試合終了後、開会式に出席するため主会場である長野県営上田野球場に移動することにしました。

(4) ユニークだけど理に適った開会式

上田球場に行くと、長野県内の国会議員・市長等大勢の来賓の中に、元広島カープ監督

全日本生涯野球大会の開会式（長野県）

の古葉竹識さんと、漫画「あぶさん」で有名な水島新司さんがいらっしゃっていて、グラウンド内の正面の演台（ホームベースから少し3塁寄り）のすぐ前にある同じ並びの来賓席に座らせていただくことになり感動しました。

外野グラウンドいっぱいにチーム名を書いたプラカードを先頭に200チーム4000人の選手達が窮屈そうに並んでいるのです。こんなに大勢の選手がどうやって入場行進して、整列するのか心配しながら見ていると、司会者が次々にチームの名前を読み上げて行くのに合わせて、名前を呼ばれたチームが投手板に向かって行進して来て、そのまま前進してホームベースを通り越して、バックネットの横にあるスタンドに上がる通路・階段から、2階席に上がりチームごとに並んで座って行くのです。2万人を収容できるスタンドですから、ゆっくり座ることができますし、中高年齢の方ばかりですからこの方があっていると思いましたし、うまいこと考えているなと思いました。

あいさつが始まると「〝まばたき〟のあいさつをお願いします」との司会者からの要請に応えて、本当に一言二言（まばたきをするくらいの時間しかあいさつの時間をもらえない）のあいさつなのです。地元の市長も〝まばたき〟のあいさつなのです。少し長い人がいると、客席から凄いブーイングがきます。老人パワーは怖いです。しかし、このやり方だと10人があいさつしても、10分もあれば、終わります。選手に大うけです。

(5) にぎわいを実感

宿舎である上山田温泉に来るとユニフォームを着た人と浴衣姿の人、半々くらいがあちらこちらからの居酒屋やスナックから出たり入ったりの状況で、大賑わいになっていました。

温泉街の中ほどにある〝十字屋〟というお土産屋さんに入ってみると、お客さんがいて賑わっていました。おかみさんに「いつもこんなに賑やかなのですか?」と尋ねると、「今日は特別です。吉松先生が年に何回か野球の大会をしてお客さんを大勢呼んで来てくれるんで助かっています。野球は神様なのです」と、おっしゃったのが印象に残っています。このお土産屋さんには、今でも、岩浅さんと私の名刺が店の中央の電話機の横に貼ってあるそうです。

この上山田温泉は大きな温泉で、旅館組合の建物の中に映画館や芸者さんの踊りの練習のための舞台まであるそうです。そして、全日本生涯野球大会の事務局の事務所も旅館組合の中にあります。野球連盟と旅館組合が連携して、宿泊の受け入れ等ができるようになっているのだそうです。

(6)　役員・来賓の歓迎会で、生涯野球大会の開催を約束

大会本部のはからいで、長野市長・上田市長等役員・来賓による歓迎交流会を私たちのために開催してくださいました。席上あいさつに立った岩浅さんはこの時「野球がこのように多くの人を集めることができることに感動しました。阿南市も野球の盛んなところ。東の長野、西の阿南といわれるようになるよう、阿南でも早急に取り組みたい」と、野球によるまちづくりへの意欲を表明したのでした。

第4章　野球で町おこしに着手

1　市長を動かし「野球のまち阿南」構想発表　岩浅嘉仁前阿南市長

少年野球や中学野球・高校野球はどこの町にでもありますが、中高年の野球チームの多いのが阿南市の特徴です。還暦野球チームが10チーム、50歳以上のチームが7チーム、40歳以上のチームが9チーム活動しています。どのくらい多いのか還暦野球を比較して申し上げると、徳島県全体で16チームその内徳島市には1チーム、小松島市・鳴門市には存在しないくらい少ないチーム数なのです。各市に1チームくらいあるのが普通だと思います。全日本早起き野球協会の事務局長として、全国各地の大会や会議に参加し、地域の取り組みに触れる中で、自分の故郷である阿南が本当に野球が盛んで、野球に熱い人が多くいて草野球王国と言っても過言でないことに気が付いたのでした。

これは面白い。還暦野球の人達は、まさに団塊の世代、この世代の人達を野球で阿南に呼び込むことができたら阿南市のためになると直感しました。

2　事業着手時の市民の反応は最低

野球でまちづくりを発信したとき、「誰がこんなことを言いだしたのか?」「チームが少し多いくらいでなぜ野球のまちなのか?」「徳島県で野球のまちと言ったら池田じゃ」などと、すごく文句を言われました。友人、知人からも、「今までにも、いろんな取り組みをしてきたが、今度の〝野球のまち〟は、やめたらどうですか」と言われたほどでした。

3　萩本欽一さんの茨城ゴールデンゴールズをお迎えして

この事業を始めるにあたって、何かイベントをするには、どうしたらよいか? 阿南市のアドバイザーを務めていただいていた元広島カープ監督の古葉竹識さんのアドバイスにより、当時すごい人気を集めていた欽ちゃんこと萩本欽一監督（これ以降欽ちゃん）率いる「茨城ゴールデンゴールズ」を迎えて、地元の独立リーグの徳島インディゴソックスと交流試合を企画することにしました。

当時私は福祉事務所のこども相談室室長の職にあったのですが、岩浅さんから、「野球と言えば田上だ。忙しくなると思うが担当するように」と言われたのです。口頭による辞令でした。

こども相談室では、児童虐待・母子福祉・児童手当・児童扶養手当・母子寮等多様な業務の上突発の業務も発生することもあり多忙な日々を送っていたのですが、市長の命令でありお受けすることにしました。後で聞いた話ですが、本来はスポーツを担当する部署が担当するべきですが、他の業務も多くあり、担当することができなかったので、私にお鉢が回って来たのだそうです。この事業を担当し成功しうまくいったことが要因となり、野球の仕事を正式に担当することになっていくのですが、振り返って考えてみると、このときにスポーツを担当する部署が規則どおりに担当していたら、「野球のまち阿南」という言葉すらなかったと思うと本当に人の人生はちょっとしたことで大きく変わる怖さを感じます。

「野球のまち阿南に欽ちゃんがやって来る」という保岡栄二アナウンサーの軽快なコマーシャルが四国放送のテレビやラジオから流れるようになりました。

用意された入場券は、A席（内野席）1800枚は一日で完売、外野席3200枚もほぼ1週間で売り切れ、凄い人気となり、「野球のまち阿南」は、最初の事業から大入り満員となり、大成功となりました。今日よく使われる協働という言葉がありますが、四国放送の小喜多雅明副部長・大西雅啓課長を中心とした役割分担が大きく機能し、市の担当者はたった2人、しかも、他の業務を兼務しながらでしたが、12年が経過した今でも市民の記憶に残る事業を実施することができたのです。

それから、何と言っても欽ちゃんの人気の凄さに改めて感服させられたのとその人気の理由を見せていただきました。野球の試合だというのにお客さんの大半は中高年の女性なのです。野球を見に来たというより欽ちゃんを見に来ているのです。欽ちゃんが移動すると観客の目線は、試合そっちのけで欽ちゃんに付いて行くのです。欽ちゃんはヘビースモーカーでした。カメラが回っていないとみるや煙草を吸っているのです。

歓迎交流会に出席した欽ちゃんは、宴会料理に手を付けずに特別注文のうどんを一口食べては、ファンの差し出す色紙にサインをしながら会話が弾んでいます。横から来賓の方が「萩本さん、ビールお注ぎします」と勧める声には耳も貸さず相変わらずファンのためにサインに応じているのです。

試合が終わって、お別れの挨拶も終わって、帰りのバスに乗ろうとする欽ちゃんにサインを求めるファンの列ができた時のことです。もう出発しなければ次の目的地の到着時間に間に合わないことを係が伝えるのですが、欽ちゃんは、いっこうに気にしているようでなく、相変わらずにこにこしながらファンと楽しいおしゃべりしながら、サインは延々と続くのです。片足をバスのステップに掛けたままです。とうとう最後の1人まで丁寧にサインを続けてやっと終わったとき大きな拍手が起こりました。お客さんを大切にする欽ちゃんの人気の秘訣を見せていただいたように思いました。

4　初めて開いた大会　第1回西日本生涯還暦野球大会

野球のまちとして初めて開催した大会が西日本生涯還暦野球大会です。先進地である長野県で開催されている全日本生涯野球大会を視察したときに西日本大会として開催する許可もすでにいただき、満を持して取り組むこととなったのですが、還暦野球チームはあったのですが練習試合的に不定期に試合をしているだけで、組織がなかったので、生涯野球連盟の創設に向け取り組むことから始めました。

まず、還暦野球チームに集まっていただき趣旨を説明したところ、「ほんまに西日本大会みたいな大きな大会ができるんで?」とか「こんな小さな字で書いた資料なんか、わしら

初めて開いた還暦野球大会

年寄りに読めるかいな」とか「出場選手名簿に職業欄なんて必要ない、わしら仕事してない」等、不平不満が続出しましたが、一つひとつ粘り強く説得しながら説明させていただきました。とにかくやりきるのだと思い頑張りました。阿南名球クラブの兼任常雄さん、中田富司さん、井上育憲さんに特にご協力をいただき２００７年10月21日連盟結成になんとかこぎ着けることができました。

組織ができたころから大会の準備が本格化してきましたが、大会の運営にあたる事務局は私一人しかいない状況だったので、各グラウンドのお世話をお願いするチームに、夜間に公民館などに集まっていただき、誰に何を担当してもらい運営するかを一から十まで相談しながらつくり上げていきました。

試合会場となる各グラウンドの近くのチームが運営を担当するのですから、選手と世話役の掛け持ちの人も大勢いて、試合にもでなければいけないし世話もしなければいけない。休憩する時間もないような状況になるときもある厳しい運営になることが予測されたにもかかわらず、何回も打合せをさせていただき体制を整えることができました。

２００8年4月19日県外からの出場10チーム、地元出場10チーム、合計20チームの参加で大会を開催することができました。開会式が終わって、選手が退場してきたとき、「うちの事務局長」と彼らが初めて私を「事務局長」と呼んでくれたのです。口々に「ありがとう、さすがは、全日本の事務局長をしているだけのことがある」と言ってくれた時は、嬉しかったし、やり遂げた達成感で一杯でした。みんなが私の存在を認めてくれたのでした。

これ以降、市内の組織の中でも最も協力的な団体として、活動していただいていますが、第1回大会を成功させるために皆で苦労したことと第1回大会がきっかけとなり、今では、徳島県還暦野球リーグ戦が阿南市を中心に開催されるようになり、大好きな野球を楽しんでいただいています。

第2回大会から今年で14回を数えるまで、多田正美会長、柳本博副会長、四宮康正副会長、中道和生事務局長を中心に充実した運営ができるようになっています。また、阿南市のお隣の美波町・那賀町の関係の皆さまには第1回大会からご協力をいただいたことが成功の要因になったと思います。

県内の還暦リーグ戦でも、美波町の外磯文武さんはじめ美波町の還暦野球関係の皆さん、中浦緑地グラウンドの利用にあたって程野和夫さんはじめ橘体協シニアの皆さんが熱心にグラウンドの整備をしていただくなど、献身的な努力のお陰で、阿南市を中心に開催されている徳島県還暦軟式野球リーグ戦は充実した運営ができていると思います。

5　注目を集める「野球観光ツアー」

(1)　野球大好き人間がはまってしまうツアー

野球大好き人間がはまってしまう究極のツアーが、マスコミに大きく取り上げられ「野球のまち阿南」を全国区に押し上げたと言っても過言でないと思います。

阿南市には、さしたる観光地がないために野球でまちづくりを目指すのであれば、「野球大好き人間が感動するような企画を考えてみては」というご意見をいただきました。

「野球大好き人間」が感動する企画とは何か。毎日、文字通り寝ても覚めても考えた末にだいたいの骨格が浮かんできました。それは、設備の行き届いた野球場で試合をする。試合には、正規の審判員が付く。飛び切り上手なウグイス嬢も付くしスコアボードには、選手の名前も入れる。試合開始前のスターティングラインナップの発表時には、ウグイス嬢のコールに合わせて名前が同時に電光板に出てくるようにする。名前のコールは、必ず君付けで呼ぶ。つまり、甲子園球場の高校野球と同じような演出をするのです。スタンドには、チアーガールＡＢＯ60（エービーオーろくじゅう）に「〇〇君頑張って」と声援を送ってくれるようにする。趣味として軟式野球を楽しむ人達にとって、プロ野球もできる管理の行き届いた野球場で、審判・放送付きの上に応援団付きで試合をした人はちょっといないでしょう。

試合が終わると、ホテルで歓迎交流会という飲み会を用意。対戦した阿南のチームと野球談議に花が咲くように設営。宴たけなわとなったころで、徳島県を代表する芸能・阿波踊り連が登場し、ツアーは最高潮を迎えるのです。

観光ツアーの企画がまとまりかけた２００９年10月に阿南還球会の柳本博監督から、東京の墨田ダンディーズ（ＩＰＣＣ一般社団法人工業所有権協力センターの職員でチーム編成）という還暦野球チームが、阿南還球会と試合がしたいので阿南に来たいと言ってきたのですが、どうしたら実現できるのか相談に乗って欲しいとやって来ました。これは、正しく野球観光ツアーそのものだと直感したのですが、実現には大きなハードルがありました。

野球観光ツアー歓迎交流会、阿波おどりも出演

墨田ダンディーズは試合については、設備が整った野球場のある阿南市にお願いするが、宿泊先は飛行機とパックの組める宿舎のある徳島市にしたいという要望を出してきました。宿泊をしてもらうのがこの事業の目的なのですから、他の市に泊まらなければいけないのであれば、この事業は阿南市の産業振興が目的ですからお断りしなければいけないことになってしまいます。

しかし、そういう理由でお断りしたのでは、不親切ですし発展性がないと考えて、阿南市で宿泊していただいても、飛行機と宿泊施設をパックにした料金に対抗できる金額を提示できれば済むことだと考えなおして、旅行会社と宿泊施設の職員に集まっていただき1泊2日で2試合（審判・放送付き）して、宴会を設営、宴会にはビール1本の上に阿波踊り付き、朝食も含めて1万2千円（現在は1万4千円）という企画を打ち出したのです。

牟岐通観光の山川勝弘店長さん、阿南プラザインの本田章支配人、ホテルサンオーシャンの工藤亨支配人、壽殿えもとの江本憲一社長さん、ホテル石松の兼松功社長さん等関係の皆さんに何度もお願いして、削れるところはすべて削ってできたのが、野球2試合して、宴会して、阿波踊り見て一緒に踊って1万2千円だったのです。

まだ、その上に、マイクロバスを持っているホテルに宿泊をお願いする代わりに徳島空港までのお迎えをお願いするという条件も付けて、墨田ダンディーズに説明させていただいたところ、「宿泊も阿南でお願いします」と、言っていただきました。

柳本監督さんにも野球観光ツアーとしての企画を説明させていただくと、「そんなツアーができたのでしたら、ぜひお願いしたい」と、即刻、了解とのことになりました。

また、同じころ、還暦野球チームの国府球友クラブの川原忠雄監督から、三重県の早春会という還暦野球チームと交流しているが、今度、「野球で日本全国を旅する会」として、阿南に来て交歓試合がしたいと言ってきているとの相談がありました。

偶然とは言え、野球観光ツアーがどのくらい野球大好き人間に喜んでもらえるかテストする絶好の機会が来たと思いました。

２００９年11月23日に三重早春会チーム25人が、ＪＡアグリあなんスタジアムへ来てくれました。迎えるのは、国府球友クラブ16名。試合開始時の両チームのあいさつをしている写真が残っていますが、国府球友クラブ川原忠雄監督の表情を見ていただきたい。普通の試合開始前にこんなにこやかな表情は絶対にないであろうというくらい歓びの表情がよくでています。それは、長年交流してきた友を迎える最高の笑顔でした。

三重早春会の最高齢で出場の中西美弥夫さん88歳は、奥さんと娘さんと共に参加されていました。88歳とのことで、遊びがてら家族連れで来られたのかと思って、試合開始前に試合に臨む意気込みをお聞きしたら、「私はこのチームの中心選手ですので必ず出場します」との答えにビックリしました。そして、その言葉のとおり、途中から代打で登場し１・２塁間を抜いてライト前にヒットしたのでした。このヒットはＪＡアグリあなんスタジアムの最高齢安打記録として、今も破られず残っています。中西さんは、戦前かつての強豪、宇治山田中学の捕手として、後に読売巨人軍の名投手として活躍した中尾碩志投手とコンビを組んだ実績の持主だったのです。戦時の兵役中は満州の原野でキャッチボールをした想い出話を聞かせてくれました。生来の野球好きはその後、地元で畳業の傍ら野球の指導や世話を引き受け、さらに壮年の域に入って「伊勢早春クラブ」を発足させるとと

最初の観光ツアー、試合開始前のあいさつ

もに三重県寿野球連盟の創設に尽力、「生涯青春」をモットーに寿野球連盟・全日本生涯野球連盟の役員として活躍された方なのです。

試合が終わって、宿舎で歓迎交流会が開催されました。かつての野球少年達は野球談議に時間を忘れて花を咲かせている最中にアトラクションとして、「徳島を代表する芸能『阿波踊り』の時間です」の声に三重早春会のメンバーは大喜び、阿波踊りを見て興奮、野球観光ツアーは最高潮に達しました。

11月29日は東京から墨田ダンディーズチーム40人が参加しました。場内アナウンスで「1番センター○○君」と君付で放送したら打者はボックスを外し、放送室に向かって指を1本立てて「もう一回お願いします」と言っているのです。

野球の試合でウグイス嬢に名前を呼んでもらったのは、高校生の時以来だそうで嬉しかったので、もう一度放送して欲しくてお願いしたのだそうです。試合終了後、墨田ダンディーズの佐野章監督と蒲生健次主将にそろって、「野球を楽しませてくれる工夫が随所にあって、楽しかった」と言っていただき、野球観光ツアーは大成功となりました。

しかしながら、阿南市には、一つの宿舎で観光ツアーのお客さんの要望を満たせる宿舎がないのです。つまり、ある宿舎は宴会ホテル、ある宿舎はビジネスホテル、というように、今まで宿泊する観光客が少なかったために観光ホテル（宴会場を備えたホテル）がないのです。

このために、各業者間で自由な協力体制が確立していくことになりました。つまり、選手達が宿泊しているビジネスホテルに宴会ホテルからマイクロバスが歓迎交流会のためにお客さんを迎えに来るのです。交流会が終わると、ビジネスホテルまで送って行ってくれるのです。

(2)　おもてなしチームの結成

野球観光ツアーに来ていただいたチームに〝とことん楽しんで帰っていただく〟、これが目標なのですが、なかなか難しいのです。どちらのチームが勝つか負けるか最後まで分からない接戦の末にお客さんチームに勝っていただく。それは、やっぱり勝負ごとですから、勝った方が嬉しいし盛り上がりますし、「来年もまた来ようかな」となるのです。

そのためには、戦力分析が必要になります。つまり、ツアー参加チームがどのくらい野球が強いのかということを把握できていなければうまく対応ができないのですが、これが結構難しいのです。最初に参加の連絡をいただいた時に探りをいれます。「ところで、お宅のチームは強いのですか？」と、お聞きすると、強いチームは、「大したことないんです」とおっしゃるのです。逆に、弱いチームは、「まあまあですね」と、言われるケースが多いのです。

要するに把握が難しく、接戦を演じるためによく似た戦力のチームを対戦相手に設定することがうまくいかないケースが増えてくることになるのです。

そんなことから、試合中に、監督の采配によって、相手の戦力に合わせて選手を交代させることができるチームを編成したいと思い、野球好きで、趣旨に賛同してくれる人達を集めて編成したのが、文字通り「おもてなしチーム」なのです。

監督の判断で、強いと思われる相手には、上手な選手を起用、弱いと思われる相手には、あまり上手でない選手を起用して接戦を演出するのです。

しかし、実際にやってみるとなかなか難しいのです。私は実際、観光ツアーのゲームで監督をしたことはないのですが、そう思うようにはいかないそうです。それでも、最近は、メディアが「野球観光ツアーの接待コース」という呼び名を付けてPRしてくれたこともあり、観光ツアーの申し込み時に「接待コースでお願いします」と希望していただいています。

(3)　8年連続して野球観光ツアーに来ていただいたTUBE RIDERS(大阪)

大阪府河内郡から野球観光ツアーに2012年5月3日の初参加以来、毎年参加して8年連続出場という、最多記録を更新中のTUBE　RIDERS(チューブ　ライダース)は、自動車専門のキャリアカーの運転手仲間が集まって作ったチームなので、メンバー全員が集まれる日というのが、年に1回の5月のゴールデンウイークしかないのだそうです。そのような状況をお聞きして、毎年5月3日に観光ツアーの試合日を設定して、来ていただくようにしたのですが、8回も連続してきていただいて感謝しています。

それでも、最初は大変でした。歓迎交流会が終わってから、2次会の後半だったと思いますが、あまり普段はお酒を飲んでいなかったのでしょうか。メンバーの一人が救急車で病院に運ばれることになり、私も病院に駆けつけたのですが、診察の結果、急性アルコー

大阪府TUBE RIDERSとおもてなしチーム

ル中毒ということでした。しばらく安静にしていれば回復するとのことで、大事に至らず良かったです。

最初の年が派手だったので、どうなることかと心配していたのですが、今では、野球観光ツアーを最高に楽しんでいただいているように思います。阿波踊りもすっかり上手になり、阿波踊り連の名前を聞いただけで連の特徴を把握されているようです。また、阿南の町の様子等もよく知っているようで、代表の土方啓嗣さんは、「宴会では阿波踊りで盛り上げてくれるし、宿舎の部屋割りなど細かな要望にも快く応じてくれる。年1回は阿南に行くのがチームの恒例になっていて、第二のふるさとみたいだ」と絶賛していただいています。

(4) 沖縄から参加、チアー結成・全日本生涯還暦大会開催に発展

２０１４年10月ラジオから流れてきた、「野球観光ツアー」なる企画を組み、全国の野球好きを集めて成果を上げているという、放送を聞いた還暦野球チームオールウェイズの監督である普久原朝啓さんは、〝野球観光〟という言葉が気になり、阿南市の野球のまち推進課に電話をしたのが始まりだそうです。阿南市で開催される少年野球の全国大会出場チームの案内で阿南市のことを知っていた観光会社に勤務するチームメイトの船越暁さんが旅行の段取りを付けてくださり、準備は瞬く間にできあがりました。

１９５５年生まれの首里高校出身の同級生で結成したチームは、野球で北海道に行き、甲子園球場でも野球をしたこともあるというように、人生をエンジョイするために共通の趣味である野球で結ばれているのだと思いました。

観光ツアーには、２泊３日で総勢34人、内訳は選手26人（男性）、応援８人（女性）が来てくださいました。試合を楽しんでいただきましたし、何と言ってもＡＢＯ60のダンスに感動され、沖縄でもやりたいと言っていただきました。そして、３年後に普久原さん、船越さんは、全日本早起き野球協会が全国持ち回りで、全日本生涯還暦野球大会を開催していることを知り、沖縄の産業振興に少しでも協力したいという考えから、全日本早起き

野球協会に加盟するとともに生涯還暦野球大会を沖縄県で開催したいということになり、２０１７年に糸満市を中心として、第２回全日本生涯還暦野球大会をオールウェイズが中心になって開催しました。また、この大会には、チアーをやりたいと言っていた藤山千賀子さん達が、本当にチアーを結成、練習を積み、開会式に、その名も「琉球ガールズ」としてデビューされたのです。

「琉球ガールズ」は沖縄で大人気となり、各種イベントに出演されています。また、全日本生涯還暦野球大会の開会式にはなくてはならない存在となっていて、その後の秋田大会、長崎大会でもその華麗なダンスを披露していただきました。今後の活躍を楽しみにしています。

(5) 半田ゴールド（愛知）テレビ取材に登場

２０１７年から毎年、観光ツアーに来てくれるようになった愛知県の還暦野球の強豪チームとして有名な半田ゴールドチームは、土曜日・日曜日は試合があるために阿南には来られないので、平日（水曜日）に来てくれるようになったのですが、これが半田ゴールドには幸いしたのです。と言いますのは、最近「野球のまち」に全国放送のテレビが入ることになったのですが、土曜日・日曜日は放送する日であることが多いので、取材する日はどうしても平日の方が都合良く、平日に阿南に来てくれる半田ゴールドの試合が全国放送のテレビ画面に登場することになったのです。

２０１８年に日本テレビの番組「世界一受けたい授業」に登場、２０１９年にＮＨＫ総合テレビのサンデースポーツに登場、すっかり有名になったのではないでしょうか。

平日に来ていただければ、グラウンドも土日と比べて比較的に空いている日もありますので、余裕を持って試合ができるので、よろしくお願い致します。

(6)　大阪ベイブルース（大阪）は、長野の生涯野球大会が縁で阿南へ

今から20年ほど前から、大阪からは監督の竹内勝義さん、主将の嶋田義久さんと遠く宮崎県から中原勉さん他数名の気の合うメンバーが集まって、大阪ベイブルースを結成し、長野県で開催の全日本生涯野球大会に出場していました。そんな時、徳島の阿南も面白く野球をさせてくれるということを聞き、２０１５年に初めて参加していただいてからずっと毎年来ていただいています。

このチーム、20年もの間、長野と阿南に出場することを楽しみに活動をしていただいて

いることをお聞きし感謝の気持ちで一杯になりました。また、野球場でお会いできることを楽しみにしています。

(7) 京ケ峰岡田病院チーム（愛知）

愛知県額田郡にある京ケ峰岡田病院の職員で構成したチームで、監督の岡田靖男さんがチームのまとめ役でワンマンチームです。２０１４年にエントリーしていただきましたが、あいにくの雨のため試合ができませんでした。翌年２０１５年から連続出場していただいています。２０１９年には、岡田監督さんのユニフォームを記念にとご寄贈していただきました。機会をみてユニフォームを展示させていただきたいと思います。

(8) レッドタイガース（大阪）

大阪の料理人の野球大好き人間が集まってつくったチーム。大阪から仕事が終わってから、車に乗り合わせて夜中に阿南に来て、朝まで仮眠してから野球場に入ってくるのですから、しんどいと思いますが、好きだからできるんでしょうね。朝から2試合をこなして夕方交流会に参加と大忙しでしたが、いつも元気なレッドタイガースです。２０１１年から6回来ていただきありがとうございました。監督の葭谷勝史さんお変わりありませんか、また、元気な顔を見せてください。

(9) 野洲球友クラブ（滋賀）全日本生涯野球近江富士杯大会がご縁で阿南へ

２０１０年に滋賀県野洲市の野洲球友クラブが野球観光ツアーに参加、その後２０１１年、２０１２年と連続して、観光ツアーで阿南にきていただいた上、２０１３年、２０１４年と2年連続して、阿南市で開催している西日本生涯還暦野球大会に出場していただいています。

野洲球友クラブは、監督の牧上龍司郎さんがまとめ役としてチームを引っ張って来られ、長野県で行われている全日本生涯野球大会に参加したことから、全日本生涯野球連盟の了承のもと、滋賀県において全日本生涯野球近江富士杯大会を開催し、全国から32チームを集めて大会を開催していますが、この大会は野洲球友クラブ単独で大会の運営をしていたのです。また、この近江富士大会に、阿南名球クラブ、国府球友クラブ、見能林スーパースター等が徳島県から参加していたのがきっかけで、阿南に来ていただくようになりました。

牧上さんの行動力に感心したのは、近江富士大会の交流会ですが、来賓にいつも県知事

滋賀県野洲球友クラブ

が出席されています。今は、三日月大造知事、以前は嘉田由紀子知事も出席しておられました。32チームの参加ですので３００人の参加者になるのですが、そこは、一室の和室としては西日本最大の部屋のある琵琶湖グランドホテルでの開催とあって可能になることが分かりましたが、すごい大宴会でした。また、大人数なので、ビールの銘柄も早起き野球の協賛をいただいているサッポロビールを指名していただきました。

牧上さんは、阿波踊りの大ファンで、アトラクションに阿波踊り連「奴連」を呼んでいただいたこともありました。また、三重県熊野市の女性歌手の紀の川良子さんにもお会いすることができたことも思い出になっています。

牧上さんの野洲球友クラブのすごいところは、野洲市の人達が大会運営をしているのですが、野球場は佐川急便のグラウンドの守山市、宴会場と宿舎は琵琶湖グランドホテルで大津市にあるのですから、施設がなくても事業は立派にできる見本のような大会だと思いました。

第5章 「野球のまち推進課」創設

1　全国初「野球のまち推進課」の創設

(1)　全国初「野球のまち推進課」

２０１０年4月1日に「野球のまち推進課」の創設が発表されました。発想してから5年、課設置の前段の野球のまち推進協議会を設置してから3年の準備期間を経た上での設置でした。

市役所に「野球」という、競技の名前が付いた課ができたのは初めてだそうです。辞令交付式にテレビカメラが4台（ＮＨＫ・四国放送・朝日放送・毎日放送）も来たのにビックリしました。野球のまち推進課長に辞令交付をしているところを、４台のカメラが取り囲むようにして一斉に撮影しました。

その日のお昼のニュースに、夕方のニュースに「野球のまち推進課誕生」のことが放送されました。

２０１０年3月18日の読売新聞関西版夕刊の第1面に「野球課で町おこし・徳島県阿南市が新設」のスクープ記事が出ました。4月1日の正式発表の13日も前にキャッチしたスクープだったのです。この当時の記者から、「野球のまちの取り組みはどこかで全国紙の1面を飾る記事になる可能性があると思うので、密かに狙っています」ということを聞いていましたが、それにしても13日前は早い。この記事を書いたのは読売新聞社徳島支局の畑中俊記者でした。

誕生したころの「野球のまち推進課」

(2) 市の顔となる事業を創出しようという試み

２００7年に野球のまち推進協議会を組織したとき岩浅さんは、「事業に着手してから3年間見させてもらいます。その間にどのようにこの事業が推移していくかによって、市の組織の中でこの事業の位置付けを考えたい」という方針を示されていましたが、まだ、この時点では「課」に昇格するまでの事業になるとは想像していなかったと思います。

スポーツだけでなく文化的な事業に対しても、全国に通用するような事業に発展できるようにするために注力していたと思いますが、「野球のまち阿南」として、野球に特化していくようになったのは、市内に90ものチームが存在する野球どころであり、熱心な指導者も多数存在していたことと、還暦野球大会や野球観光ツアーや合宿受け入れ等打つ手がすべてヒットし、マスコミの評価も高まってきた状況から、市の顔として位置付けるだけの価値があると判断したからだろうと思っています。

今まで日本中の市町村で何処も「野球の課」を置いたところがないということは、野球があまりにもメジャーなスポーツで、大衆化していてプロ野球や大学野球、社会人野球等が国民的な広がりを持って発達していて、野球界という巨大な社会を形成している状況の中で、あえて「野球のまち」を標榜することへの不安とプレッシャーから、ためらいがあったのではないかと思っています。

私も「野球のまち」を目標にする素地はあると思っていましたが、施設の面でそれほど充実した状況ではないにもかかわらず「野球のまち」を標榜することに対しては、不安というより、大きなプレッシャーを感じていました。

しかし、最初から目標の大きさに圧倒されて恐れていてはいけないと思ったことと、一つひとつ壁にぶつかりながらも超えていくしかない、今に見ていろ必ず逆転してやると思っていました。このころ、後にＡＢＯ60のメンバーに加わることになる美馬育子さんに言われた「夢を語らなければドラマは生まれない」という言葉を忘れることができません。

岩浅さんが好んで使う言葉に「風を読み攻める行政、優しさを備えた強い行政」があるのですが、「野球のまち推進課」設置を発表した時は、まさにここにいう風を感じたのだと思いました。周りの99％の人達には、「『野球のまち阿南』まずダメだろう。ちょっとチームが多いくらいで、そんなに簡単にできるはずがない」と言われました。

しかし、私には、「今に見ていろ絶対にやってみせる」という自信がありました。全日本早起き野球協会の活動を通じて知り合った「野球大好き人間」と郷土愛の強い阿南市民が協力してくれたらきっと成功すると思っていました。

(3) 産業部に「野球のまち推進課」を配置した価値

２００７年6月27日に野球のまち推進協議会を組織してから3年後にあたる２０１０年4月1日に「野球のまち推進課」が誕生するのですが、２０１１年にスポーツ基本法が抜本的に改定され、国としてスポーツツーリズムに取り組むこととなった２０１１年よりも1年早く市の産業部に「野球のまち推進課」というスポーツによる産業振興を目標とする部署（スポーツに関する部署は教育委員会に所属する場合が多いが、阿南市は産業振興を図ることが目的であることを明確にするために商工観光課・農林水産課と同じ部である産業部に野球のまち推進課を配置）を創設し、スポーツツーリズムに挑戦した岩浅さんの先見性は抜群のＰＲ効果を生むとともに、市民・マスコミに感動を与える事業に発展していきました。

「阿南の顔」となる事業を創出したい。日本中のどこにもない野球の課を作ったとき岩浅さんの並々ならぬ決意を感じられずにはいられなかったのです。

(4) 国土交通省第1回スポーツツーリズムコンベンションで事例発表

２０１３年3月14日早稲田大学井深大記念講堂で行われた国土交通省第1回スポーツ

ツーリズムコンベンションにおいて、「野球のまち阿南」の取り組みについて発表させていただきました。

　ソニーの創業者の一人である井深大氏の氏名を冠した立派な講堂で行われたコンベンションには、主催者として観光庁長官の開会のあいさつに続いて、当時東京オリンピック・パラリンピック競技大会組織委員会会長であった、元内閣総理大臣の森喜朗さんが来賓として祝辞を述べられました。まあ、凄いところに来たものだなと緊張していたら、何と、来賓の祝辞のすぐ後が私の事例発表の順番だったのです。20分間の発表でしたが少し上がってしまいましたがバッチリ発表させていただきました。実は、この年の３月31日が定年退職の日でしたので、この発表が阿南市役所職員（１９７１年４月～２０１３年３月正規職員、２０１３年４月～２０１９年12月嘱託職員）としては、最後の大舞台でもあったのです。

　コンベンションが開催されたとき岩浅さんは、早稲田大学のＯＢであり、衆議院議員でもあったこともあったので、当然、森喜朗元総理をよくご存じであって、事前に連絡もしてくださっていたので、阿南市の注目度は一段とアップしましたし、会場も大変に盛り上がった発表になりました。

嬉しかったのは、会場にサッポロビール株式会社で全日本早起き野球協会の担当者である法人営業部専任部長の寺沢豊行さんと、阿南市と共に野球交流事業に取り組んでいる東京都八丈島八丈町の体育協会会長の菊地庄一さんが来てくれていたことでした。

(5) スポーツ新聞に掲載された佐賀県武雄市の「いのしし課」が好影響

スポーツ新聞の1面に大見出しの「いのしし課・いのしし課長」(いのしし課は、イノシシによる農作物の被害を防ぎ、食肉として利活用する目的で、2009年4月に佐賀県武雄市に設置された)の記事を発見した大上善巳野球のまち推進監(2002年～2006年産業部長、2007年～2009年まで野球のまち推進監)は、亀尾貞男副市長を訪ね、「いのしし課」について説明すると、副市長は「『いのしし課』そんな名前の課もあるのか、それに比べたら『野球課・野球課長』は、よっぽど、まともじゃな」と言ってくれたそうです。野球の課誕生の噂が囁かれるこの時期、いろんな人が野球の課を創ろうという意気込みを持っていたと思います。「野球のまち推進課」創設に意欲的であった岩浅さんへの元高校球児でもある亀尾副市長のフォローはグッドタイミングだったと思っています。

⑹ アメリカCBSニュースから取材の依頼

最終的にこの話は、北朝鮮が２０１７年に頻繁に発射したミサイルの取材のために成立しなかったのですが、何とアメリカの三大ネットワークの一つであるＣＢＳのＣＢＳニュースを担当しているCratlさんから「野球のまち」の取り組みについて、２０１７年9月11日に問い合わせがありました。大変興味深い内容なので取材させて欲しいとのお言葉をいただきました。

取材のために東京に駐在しているが、取材グループの本体は今、中国へ行っているがもうじき日本に帰って来ることになっているので、本体が帰って来たら取材に行きたいと思っているが、英語の通訳ができる人はいるか等かなり細かいところまで聞かれました。

Cratlさんは、「野球の課があることにビックリした。おそらく全米にはない、世界中にも他にはないであろう」「アメリカは巨額の費用をかけた立派な野球場があるが人が集まらなくて宝の持ち腐れになっている。阿南市の野球場は空いている日がないくらい盛況であるところを見せていただきたい」「ＡＢＯ60等ボランティアの活躍がすばらしい。どのようにしてボランティアを育成したのか興味がある」と、おっしゃっていました。

ＣＢＳニュースはアメリカの放送ネットワークＣＢＳのニュース製作子会社で、東京放送ホールディングスと独占包括業務提携を結んでいて、テレビ事業子会社のＴＢＳテレビによるニュース映像利用の他に、ニュース番組を系列のＢＳ・ＴＢＳ、ＴＢＳニュースバードで放送されています。ＴＢＳニュースで製作されたニュースは主にアメリカ国内に向けて、テレビでは、ＣＢＳ及びその系列局においてニュース番組が編成されています。ラジオでは、１０００以上の局に向けてニュースを配信、インターネットでは、自社のＷｅｂサイトを中心に、YouTubeやSound CloudなどのＷｅｂサービスやIIOSやAndroidといったスマートフォン向けアプリ、FacebookやTwitterなどのソーシャルメディア、ポッドキャスト等を通じて提供されているのです。

ビッグチャンスだったのですが、取材グループが日本へ帰らずに韓国に移動してしまいこの話は立ち消えになってしまいました。その後も説明資料を英文にしてお送りしたのですがうまくいきませんでした。残念でした。

2　サッポロビール株式会社と「まちづくり協定」締結

阿南市内の酒屋等で販売や飲食店等で消費されたサッポロ製品１本につき１円を阿南市に寄付していただく協定をサッポロビール株式会社のご厚意により締結することができま

した。年間で約30万円になります。

サッポロビール株式会社は、社会貢献事業として、早起き野球と箱根駅伝の運営を協賛し支援していますが、早起き野球については、全日本早起き野球協会が創設された1981年から今日まで40年の長きにわたって協賛していただいています。

勤勉で時間に正確な日本人にしかできないスポーツといっても過言でない早起き野球の育成と普及に尽力されてきたサッポロビール株式会社が、阿南市が取り組んでいる、地域で盛んに行われている野球を活かした町づくりに共鳴されたことと、サッポロビール株式会社が協賛している全日本早起き野球協会の事務局が阿南市にあることと、阿南市あかつき野球連盟を中心とした野球愛好者がサッポロ製品の販売拡販に積極的に取り組んできました。また、全日本早起き野球協会に加盟した1987年には、サッポロ製品を扱っている店舗が1軒もない状態であったのを、そのシェア約10％にまで押し上げたことに対し、高評価をいただき、「まちづくり協定」を締結し、阿南市を支援していただくことになったのです。

まちづくり協定を結ぶまでに発展した「野球のまち」の取り組みは、1994年6月に阿南市で初めて、県外からチームを迎えての大会開催となった第10回西日本早起き野球大会

サッポロビール町づくり協力金贈呈について協議

までさかのぼることになります。県外のチームが参加する大会を開催した経験がまったくなかったので、どのようなことに気を付けたら良いか等わからないことばかりでした。

試合はいつものとおりに運営したら何とかなるだろうと思いましたが、遠くから来てくれるチームをどういうふうにもてなしたら良いか悩みました。特に、大会に使用する野球場の設備が老朽化している上に整備状態が悪いので、せめて、おもてなしの点で参加チームに喜んでいただくために努力することを関係者の間で申し合わせました。

協賛会社であるサッポロビール株式会社の営業担当と準備を進めていく過程で、参加賞・賞品はもちろんのこと歓迎交流会のビールまで協賛していただけることが分かり、経費の面で大変助かるので安心することができホッとしました。西日本各地の12府県からチームが参加してくるような大きな大会は費用も掛かるので、協賛してくれる企業がなければ厳しい運営になると感じました。

少し気持ちの余裕ができたので、目標のおもてなしの点について考えてみるとサッポロビールを置いている店が1軒もないことにビックリしました。サッポロ社は名前からして北海道を中心に東日本においてシェアの高いビールメーカーなのです。

そこから、阿南市あかつき野球連盟として、協賛会社であるサッポロビール製品の販売協力に力を入れることにしました。

そこで、何軒かお願いしてみると、「店にはサッポロは置いていないが、家ではサッポロが好みなので飲んでいるので、これからサッポロを置くことにします」とおっしゃっていただいたのがスナック「敏」のママ、木下敏子さんでした。

大会中に開催する歓迎交流会の会場となるホテル石松は、阿南市あかつき野球連盟の初代会長である西岡康雄さんが、当時経営していたので、サッポロビールを置いてもらいました。また、ホテル石松はサッポロビールの系列である「養老乃瀧」をオープンすることになり、県外からのお客さんをお迎えしてもどこも案内するところがないというような心配はなくなりました。

あかつき野球連盟に加盟するチームの全選手にサッポロビールを飲んでくれるよう強力にお願いをしましたところ、一部の選手から「嗜好品まで強制するのか」と怒られましたが、サッポロビールの支援があって早起き野球は成り立っているので、まげてお願いしたところ、阿南市あかつき野球連盟会長の乾智之さんが、「サッポロビールのお陰で早起き野球ができている」と、間髪入れずに言ってくれたので、文句を言ってきた人も了解してくれたのでした。

阿南市とサッポロビールの町づくり協定により、野球のまち阿南の私設応援団ＡＢＯ60のユニフォームには「ＳＡＰＰＯＲＯ」の胸マークが入っています。テレビや新聞雑誌など露出が多いＡＢＯ60の活動を通じてサッポロビールをＰＲすることもしています。

3　プロ野球よりも草野球・草野球ほど儲かるスポーツはない

地図で言うと四国の右下、人口７万人の町にプロ野球の公式戦は来てくれません。春のキャンプに来てもらうためには、莫大な設備投資を要する上に、現在のプロ野球のキャンプ地は沖縄や宮崎などに集中する状況となっており、今から誘致活動に乗り出せる状況にはまったくないと思います。

阿南市が取り組む野球のまち推進事業は、一般には草野球と言われているいわゆる軟式野球のことなのです。阿南市には軟式野球チームが約90チーム活動しています。この地域で現在盛んに行われている軟式野球で地域の活性化を目標に掲げているのです。

プロ野球で地域振興に取り組む町は多いですが、行政として草野球で町を活性化しようとこころみたところはどこにもないであろうと思います。また、成功したという話も聞いたことがありません。

野球は日本人が一番好きなスポーツで、日本中にファンが存在することと野球は、小学生のような低年齢から還暦・古希等年齢が高くなっても楽しむことができるところが特徴で、現代は健康志向もあり、少年野球から還暦・古希野球大会までのすべての年齢で全国各地で頻繁に開催されています。

軟式野球は、日本で独自に開発されたゴム製ボールにより競技することから、用具も安価に購入できる上に野球場の設備においても、硬式野球と比べると管理しやすくなっています。

このようなことから、誘致や施設整備に多額の予算が必要なプロ野球による産業振興よりも、市内に多くのチームが活動し熱心な指導者がいる草野球の方が運営しやすく、施設整備においても無理なく取り組むことができます。四国の最東端の人口7万人の町として、全国に先駆けて実施し全国から野球愛好家を呼び込んだ方が効果的であると判断しました。

視察に来ていた方々に行政説明をさせていただく時にいつも視察に来ていただいた目的やねらいについてお尋ねをしているのですが、Jリーグの本拠地として有名な千葉県の○○市の市議会議員さんは、「お客さんは大勢来てくださっているが、残るのは喧嘩とゴミだけです。宿泊に結びつかないのです」とおっしゃられたので次のように説明させていただきました。

4　野球選手は観光客

サッカー観戦に来る人達は、8人乗り等の自動車で来て試合が終わると一斉に帰ってしまい大勢のお客さんを集めながら消費に繋がっていないケースが多いそうですが、野球のまち阿南に来てくれるお客さんの大半は選手のため人数は少ない（大勢を泊める宿泊施設も無い）が、宿泊を前提とした大会日程をトーナメント戦ではなくリーグ戦にしていることと初戦敗退しても県外のチームには敗者戦を用意し、翌日再チャレンジしてもらえるようにあらかじめ設定しているのです。

また、沖縄県のプロ野球の合宿地として有名な○○市の市議会議員さんは、「キャンプ期間中は確かに大勢のお客さんが来てくださいますが、せいぜい2週間か3週間くらいなのです」とおっしゃられたので次のように説明させていただきました。

「野球のまち阿南」の事業として、市内に従来から多数のチームを要する還暦野球や早起き野球や少年野球といったマイナーな野球に着目し、西日本や四国レベルの大会を企画して宿泊に繋がる県外チームの招致や高校野球や大学野球の合宿誘致や市民向けに長時間野球大会や５００歳野球大会など年間34事業、開催日数にすると１５０日間野球場を使用する事業になっています。

地域で盛んに行われている草野球に着目して、草野球のチームを招致して町の賑わいに結びつけたところがポイントになります。施設の有効利用といったところです。

このため野球場は、日程の調整が困難なほど賑わっています。この「野球のまち阿南」の事業を実施していなかったら、本格的な野球場も少年や中学・高校生のための野球場になっていたと思います。

5　地域の特性を活かした事業の発掘

では観光宿泊客ゼロの町に人を呼び込むにはどうしたら良いか?

自分の住んでいる町がどんな町なのか?　生まれてからずっと同じところに住んでいる

人ほど分かっているようでわからないのではないでしょうか。これが私の出発点になったのです。

全日本早起き野球協会の役員をするようになり、全国各地に出向き、全国各地の人を知り、実情を知ることにより、自分の町との違いを知ることに繋がっていきました。

そんな中思いついたのは、温暖で甲子園球場に近いという地理的条件を生かした北信越の高校の選抜出場校の直前合宿です。

阿南市は観光地でないために来訪者が非常に少ない。行ったことがないので行ってみようかという考えの人を誘ったのが「野球観光ツアー」の始まりです。発想の転換です。

四国の文化として長く定着している「お接待」を取り入れたのが、「89番野球寺」（はちじゅうきゅうばんやきゅうじ）なのです。合宿に来た選手に地元の婦人会が昼食時にお茶を出す。これも「お接待」から来ています。

町づくりのヒントは、いろんなところにあります。地域に長く伝わる事象をどう取り入れるか、考えるよりも、まず実行してみる。うまくいかなかったら、また、考える。そういったことの繰り返しが活路を拓いてくれると考えています。

６　北信越高校野球選抜出場チームの合宿誘致

(1)　選抜直前合宿のはじまり

「野球のまち推進課」が誕生した２０１０年の９月に全日本早起き野球協会の関係で、以前から親交のあったＮＰＯ法人新潟野球人の中野久事務局長に、行政が直接野球大会を開催しているのは、日本中で新潟市と阿南市しかないので、一度新潟に行って意見交換をさせていただきたい旨をお願いしていたところ、こちらも阿南の取り組みが聞きたいと予てから思っていたので、ぜひ来て欲しいとのことで、東京で会議があった帰りに時間を作ってお寄りすることから始まったのです。

まだ完成したばかりの野球場「ＨＡＲＤ　ＯＦＦ　ＥＣＯスタジアム新潟」の中にある野球連盟の事務所で、新潟野球人（新潟県の各野球団体が一致協力し事業を遂行するために加盟する団体）の皆さんと意見交換をさせていただきました。

その中で、新潟県高校野球連盟の富樫信浩理事長が、「新潟は雪の影響で選抜は勝てなくて困っている。何か良い方法はないか?」というお話があったのですが、そのときすぐに「阿南市に来て、直前合宿しませんか。球場を開けて待っていますよ。阿南から甲子園まで、バスで行ったとして2時間半で行けますよ」と、お答えしました。全部で15人ほどの会合でいろんな話をさせていただいたので、実際のところ直前合宿について、実現するかどうかはもちろん新潟県高校野球連盟から、正式にお話をいただけるものかどうか、曖昧な点もあったのですが、翌年２０１１年1月31日に富樫理事長から電話で「直前合宿の件、あんたに世話になりたい」と申し出をいただくことになったのです。

市の事業として、大学野球の受け入れは始まっていましたが、合宿誘致に取り掛かったところで、高校野球の合宿受け入れは吉報であり、阿南市の温暖であり関西に近いという地域性を活かした事業であることと、徳島県高校野球連盟にご協力をいただき、合宿に来たチームと徳島県内の高校野球チームとの練習試合も組んでいただき、県内チームにとっても有意義な練習試合の機会を得たことになり、全国初めての取り組みを高く評価していただき、マスコミにより全国に紹介される事業に発展していきました。

(2) 最初に来てくれたのは、佐渡ヶ島の佐渡高校

富樫理事長から、「今度、佐渡高校というのが21世紀枠で選ばれそうなのですが雪の影響もあり、あまり練習ができていないこともあって、非常に弱い。大敗すると可哀そうな

のでよろしく頼む」というお話があり、佐渡高校野球部が合宿に来てくれることになりました。

佐渡高校は、２０１１年3月13日に阿南市の宿舎に到着したのですが、あの東日本大震災が発生したのが２０１１年3月11日ですから、まさに日本中が大騒動の中を船・バス・飛行機を乗り継いで来てくれたのです。大雪の佐渡から、土の上で野球がしたい一心で阿南まで来てくれた佐渡高校の選手のことは今でも鮮明に覚えています。宿泊先の旅館では、地元住民約50人が歓迎の「看板」を掲げ盛大な拍手で迎えるとともに、地元の阿波踊り連「達粋連」も阿波踊りを披露して、歓迎ムードを盛り上げてくれました。

合宿は、13日から17日の5日間で、佐渡には戻らずそのまま甲子園入りました。合宿の最終日である16日には、阿南高専、小松島高校と練習試合を行いました。雪深い所で調整していた佐渡高校にとって、その年初の練習試合となり、会場には県内高校野球ファン約３００人が詰めかけました。第１試合は阿南高専のエース武田が佐渡打線を6安打に抑える好投をして３−０で勝ち、第２試合は小松島、佐渡とも12安打の乱打戦となり走力も絡めて効率よく得点した小松島が12−0で勝ちました。

合宿期間中、寒い時期なので、地元の桑野婦人部（紅露清恵会長）・山口婦人部（渡守

婦人会の協力

一恵会長）が昼食時にお弁当の配膳や湯茶のお接待、桑野地域振興会が、軽トラック等で練習道具の運搬を買って出るなどして支えました。これらの市民ボランティアはこのときから「市民が支える野球のまち」として、定着していくのです。

岩浅さんが他の要件で佐渡市役所を訪れたとき、佐渡市長外職員が総出で出迎えてくださったのだそうです。恐縮していると「佐渡高校が、阿南市にお世話になったことから考えれば当然の出迎えです」とおっしゃっていただいたことをお聞きして目頭が熱くなりました。また、続いて案内していただいた佐渡高校の室内練習場には、甲子園に向けて出発する壮行会の時に贈呈した「ガンバレ佐渡高校」の横断幕が掲げてあったのだそうです。阿南市との交流は続いていたのです。

(3) 敦賀気比高校の選抜優勝

新潟県高校野球連盟の取り組みとして始まったこの事業は、佐渡高校の合宿により高い評価をいただき、翌年の2012年から、新潟県を含む北信越5県で構成する北信越高校野球連盟の取り組みに拡大されることになり、北信越からは例年2校が選抜に選ばれていることから、定例の事業として定着することになりました。

2015年の福井県の敦賀気比高校は、阿南合宿としてお迎えするチームとしては、佐渡高校、地球環境高校（長野）、日本文理高校（新潟）に次いで4校目になります。なお、この年は長野県の松商学園高校も合宿していて、1年に2校が来てくれることになり、阿南市では大変に盛り上がりを感じました。

敦賀気比高校は2015年3月8日から11日までの合宿期間中に徳島商業高校、兵庫商業高校、生光学園高校が対戦しましたがいずれも大差で敦賀気比の勝利でした。今年（2015年）来てくれたチームは、今までのチームと比べると強いなと思いました。それまでは、合宿に来てくれたチームのうち甲子園で勝ち星を挙げたチームが一つもなかったので、今年こそ勝ってくれそうな気がしていました。

敦賀気比の甲子園での成績は、1回戦奈良大付属に3対0、2回戦仙台育英に2対1、

公民館で敦賀気比高校の応援

準々決勝静岡高校に4対3、準決勝大阪桐蔭を12対0と勝ち上がってきて、阿南市でもひと試合ごとにだんだんと盛り上がっていきました。

その頃から道行く人から声をかけられることが多くなってきました。まるで阿南市の学校が甲子園に出場しているような感じになってきました。特に、ＪＡアグリあなんスタジアムのある周辺の地域である桑野町、山口町では、合宿中にお世話していただいた関係もあり、公民館に集まり大勢で応援する準備までしてくれたのです。

決勝戦は、甲子園まで応援に行きたかったが、4月1日のため他の仕事もあり、行くことができなかったので、私も桑野公民館で応援させてもらいました。試合は東海大四高を相手に、この大会、当たりに当たっている松本哲幣選手の2点本塁打と平沼翔太投手の好投もあり3対1で勝利し、北陸勢として、春夏を通じて初の全国制覇を達成したのでした。

偉業達成の陰に阿南での直前合宿ありと格別の評価をいただきましたし、市を挙げて、北信越の選抜出場チームをお迎えすることは、２０１６年敦賀気比高校（福井）、２０１７年高岡商業（富山）、福井工大福井（福井）、２０１８年富山商業（富山）、日本航空石川（石川）、２０１９年啓新高校（福井）、と続いています。

7　大学野球の合宿誘致

野球による経済振興を図る上で、社会人野球・大学野球のキャンプを誘致することは大きな目標の一つです。

社会人野球・大学野球のキャンプ地を誘致すべく関係者と接触を重ねる中で、近畿学生野球連盟の監事で阿南市那賀川町出身の川田武美さんにお会いすることができました。川田さんから郷土阿南市に立派な球場ができたので、恩返しの意味でも自分の所属する近畿学生野球連盟のどこかの野球部をお世話したいというお言葉をいただきました。

川田さんは、２００８年11月29日に開催された近畿学生野球連盟の会議において、阿南市の取り組みと合宿誘致について説明をしてくださいました。そして、その会議の席上すぐに大阪市立大学硬式野球部元監督の後藤忠彦さんから、阿南合宿実現に向け検討する旨の電話をいただきました。

二日後、後藤さんからの電話で、「今は高知県の四万十市に行っているが、どこか良いところがあれば変わりたいと思っている。阿南の状況を知りたいので教えて欲しい」と言われましたので野球場や市の取り組みを整理して、資料にして郵送でお送りしました。その資料を基に大阪市立大の監督や選手のみなさんに阿南合宿について説明したのですが、12月21日大阪市立大学野球部の主務の学生さんから、「阿南の球場には、問題はないが来季は一部昇格の年であり、慣れている四万十市で実施したい」というお断りの連絡がありました。しかし、2009年4月9日阿南駅バスセンターに降り立った後藤さんを、まず、JAアグリあなんスタジアムに案内させていただいたところ、「この野球場は良い。整備が行き届いている。徳島にこんな野球場があるのを知らなかった」と言っていただけました。JAアグリあなんスタジアムを合宿誘致対象チームの関係者に見ていただくのは、初めてだったので緊張しましたが、気に入っていただくことができてほっとしました。

その後、宿舎として「壽殿えもと」に立ち寄り、施設を見学していただくとともに江本憲一社長と奥さんの智子さんに会っていただき、大学側の条件をお聞きし、改善できるところは改善することで、話をまとめることができましたが、何せ初めてのことなので、江本さんは、「うちで大丈夫でしょうか?」と心配して何度もおっしゃっていましたが、後藤さんが大阪に帰られてから、野球部に報告し正式に決定し、4月12日に野球部の主務から8月の夏季合宿の申し出の連絡をいただきました。これが、阿南市での野球合宿誘致第1号となったのです。

その後、2009年8月の夏季合宿から毎年、春3月と夏8月に合宿に来てくれるようになりました。

第6章 集客に繋がる野球大会の開催

1　少年野球全国大会の開催

「野球の大会で一番経済効果に繋がるのは、少年野球だ！」。亀尾副市長から「還暦野球は軌道に乗り定着したので、次は少年野球全国大会をやってくれ。少年野球の全国大会、名称は「こども甲子園」にしてくれ！」という指示をいただきました。副市長から、「やってくれ」と言われ、なるほど少年野球には、必ず保護者が付いてくる。お客さんの数は、大人の大会の倍になる。これは面白いとさっそく取り組むことにしたのですが、クリアしなければいけない課題がいくつもありました。

一日の宿泊の実人員（人数）約８００人、阿南市の宿泊できる人数が約５００人、市内の宿舎だけでは泊めきれない。どうしたものかと大いに悩みました。

牟岐通観光の山川店長に「800人どうしても泊めたいので、宿舎の確保に向け今（5月）から阿南市周辺の宿舎に予約を掛けて欲しい」と要請したら、徳島市・小松島市の宿舎まで範囲を広げなければできないとのこと。

徳島市に泊まって第1試合開始に間に合うようにするには、6時に朝食をとれるようにしなければなりませんが、遠距離の宿舎と特別交渉し了解していただくようにしました。開会式終了後に少し時間をおいて、監督・保護者に参加していただき、交流を深めていただくために歓迎交流会を開催しているのですが、宿舎の範囲が徳島市まで広がると送迎に片道30分くらいかかるので、送迎用のマイクロバスを増便して時間内に送り届けるようにしました。

全国大会と名を打って開催する以上は、全国各地からチームを迎えなければ格好になりません。少年全国大会については、市の少年野球連盟の事務局長の橘敬治さんにお願いしたのですが、全国各都道府県によって野球団体の状況に違いがあり、全日本軟式野球連盟や小学生野球連盟や早起き野球関係者を通じて関連団体を紹介してもらうなどしながらまとめてもらいましたが、早い段階で北の北海道と南の沖縄県から、出場の快諾をいただきありがたかったです。特に北海道の浦野和由さんと沖縄県の富川盛位さんには、特段のご

第7回野球のまち阿南少年野球全国大会　2019年7月

配慮をいただき感謝申し上げます。

こうして少年野球全国大会は、開催できることになりました。第1回大会の始球式は、元メジャーリーガーのマック鈴木さんにお願いしました。以前から阿南市と交流があったことから、以前から始球式にはマックさんを呼ぼうと思っていましたが、メジャーリーグ・日本プロ野球で活躍した大柄なマックの登場にこども達は大喜びでした。

開会式の音楽は、見能林小学校の音楽クラブ金管バントにお願いすることにしました。入場行進曲・君が代・得賞歌の演奏をしていただきました。1年間この日のために練習をし、当日に備えていただいたそうです。今年は第7回大会ですので7年連続ということで、先輩から後輩へ繋がっています。

２　西日本古希軟式野球大会の開催と誘致

古希ですので、70歳。一番若い人でも70歳の野球大会。盛り上がっています。全国組織である全日本還暦軟式野球連盟の下部組織として、徳島県支部という団体があるのですが、役員は、阿南市の還暦野球の人で構成していて、阿南市生涯野球連盟と変わりがない団体です。２０１１年に第５回西日本古希軟式野球大会を徳島で開催するように上部団体から要請されて、ぜひとも協力して欲しいとのことなので、阿南市で開催の大会の立ち上げの時にお世話になったこともあり、大会実行委員会事務局を務めさせていただくことになりました。

　事務局をすることになりましたが、70歳を超えた人達が野球をして倒れたらどうなるのだろうと考え

第12回西日本古希軟式野球大会　2018年5月

ると不安になってきました。

大会中、お医者さんを配置しなければいけないだろう。ＡＥＤ（自動体外除細動器）を使えるようにしなければいけないだろうとまず思いました。

阿南消防署に相談し、さっそくＡＥＤの使用について講習会を計画、大会のお世話をしていただくであろうと思われる人に連絡して受講してもらうことにしました。

次はお医者さんの確保です。それが何と阿南市の生涯野球の選手の中にお医者さんがいたのです。

国府球友クラブの齋藤晴比古さんは、徳島平成病院の院長先生だったのです。齋藤先生は、野球大好き人間で古希大会のことについて、お話しすると快く了承してくださり本当に助かりました。齋藤先生は、60歳になってから、平成病院のレントゲン技師の西村睦さんに誘われ、還暦野球を始められ、長野県で開催の生涯野球大会にも出場したことのある方だったのです。

西日本古希軟式野球大会は、阿南で5回大会に続いて、第9回大会（２０１５年）、第12回大会（２０１８年）を開催しています。

3　身体障害者野球大会の開催と誘致

２０１４年９月９日、突然、鳴門市から西上勝さんという車いすの青年がやって来て、身体障害者の野球チームを作ろうと思っているが、今のところ４人しかいないので仕方なく高知県のチームに所属して野球を続けているが、順番でいくと来年は徳島県で中四国大会を開催しなければいけないことになっている。徳島県にチームはないのだが、自分たちが徳島の人間だから徳島で開催しなければいけないことになっているので、阿南市の野球場を貸して欲しいとのことでした。

阿南市役所に来るまでに徳島市、鳴門市、小松島市とお願いしてまわったがどこも貸してもらえず阿南市まで来てしまったというのです。これは、何とかしなければいけないと思いすぐに岩浅さんに会ってもらえるようにしました。

このとき岩浅さんは、「こういう困っている人にこそうちの野球場を貸してあげなければいけない。ＪＡアグリあなんスタジアムを使用できるようにしてあげることと、障害者の大会ができるように協力してあげなさい」と私に命令したのでした。

大会は、翌年の２０１５年９月６日にＪＡアグリあなんスタジアムで開催することになりました。障害者チームの関係者はビックリするやら喜ぶやらで、たいそう感謝していただきました。あまり立派な野球場で大会をしたことがないのだそうです、しかし、人数が4人しか集まらないからといって、高知県のチームに入れてもらい2週間に1回高知まで練習に通っていた話を聞くと、何という熱心さでしょう。車いすでありながら、野球がしたいという情熱に共鳴する格好で、これは何としても徳島県でチームができるように応援しなければいけないと思ったのでした。

西上さんは、3歳の時に交通事故にあい脊椎を損傷し下半身不随となり、車椅子に頼ることになったのですが、野球が好きで身体障害者の野球大会やチームがあることを知り参加するようになったそうです。

私も身体に障害がありましたが、野球がしたいという思いを持ち続けていたことが、野球のまちづくりに繋がったので、西上さんの野球に対する気持ちの入れようはよく分かるし、もう一人の自分が西上という名前でそこにいるような気がしていました。

阿南市に隣接する小松島市にある徳島県立みなと高等学園（特別支援学校）に野球の練習のためにグラウンドを使用させてもらえるようお願いに行きました。対応していただいた島先生は西上さんを教えた先生であったことから、話が一気に進み快くグラウンドも貸していただけることになりました。島先生によると「西上君は、学園にいた時から野球を好んでよくしていた」とのことでした。

阿南市役所野球部の大川康宏さん、橘敬治さん、吉村茂宏さんが練習時のコーチ役を買って出てくれることになり練習体制もできたので、隔週の土曜日に練習することになりました。

障害者野球はチーム数が少なく、練習試合をしてくれる相手がいなくて困っていたので、阿南市で開催している長時間野球大会の中に、障害者野球の時間を作り、2015年の第2回大会から出場してもらうことにしました。そして、対戦相手も野球観光ツアーの時に県外から来てくれているチームを盛り上げるために、結成した「おもてなしチーム」に対戦してもらうことにしました。障害者野球には、盗塁が禁止されていたり、打者に代わって代走が付いたりするので、一般チームでは理解を得られないこともあるのでそんな配慮も考えました。

2015年から2018年までは、おもてなしチームが大差で勝利していましたが、2019年の6回大会において、初めて徳島ウイングスが勝利を収めることができました。ウイングスの選手のおもてなしチームを倒そうという意気込みがついに形勢を逆転したのです。おもてなしチームに勝つために常に選手の補強を考え、練習を重ねてきた努力が実ったのです。おもてなしチームを目標として努力を重ねているうちに中四国大会において初勝利を挙げることができました。確実に実力はアップしていると感じていましたが、実際の試合結果に表れ再認識できました。

また、50歳以上の選手による500歳野球大会にも出場できるように他の出場チームに事情を説明して了解していただきました。

西上さんがキャプテンとなって、PRチラシを作成して社会福祉協議会や市役所の障害福祉関連の窓口に置いてもらうお願いをして回りました。口コミで野球をしていた人がいると聞いたらすぐに電話して、熱心に勧誘を続けた努力が報われたのか、大会開催の翌々年の2017年1月に部員が13人になり、徳島ウイングスとして全日本身体障害者野球連盟にも加盟することができたのです。

2017年5月に神戸市の「ほっともっとフィールド神戸」で開催された第29回全国身体障害者選抜野球大会に普及枠から出場することができました。この時新聞に掲載されていた西上さんのコメントには「いずれは、パラリンピック世界身体障害者野球大会に出場できる選手を輩出するのが目標です」と答えておられました。

4　長時間野球大会の開催

市民から、ＪＡアグリあなんスタジアムを使用したいのに利用者が多くて貸してもらえないと苦情が届いているので何か対応策はないかと言われた時に、すぐに思い浮かんだのが、全日本早起き野球協会と岐阜県関ケ原町が共催して１９９５年～２０００年までの６年間、今を遡ること４００年前の１６００年に徳川家康の東軍と石田三成の西軍が天下をかけて戦った関ケ原の合戦から４００年を迎えることを記念して、岐阜県関ケ原町で開催した「全日本東西対抗長時間野球大会」（平成版関ケ原の合戦）のことでした。

この時は、毎年、夏休み中の8月に３～５日間、東軍＝北海道、東北、関東、中部（静岡、長野、新潟、富山、岐阜・東濃）　西軍＝中部（愛知、三重、岐阜・西濃）近畿、中国、四国、九州に分かれ参加選手は小学生からシルバーまで東西合わせて延べ４８７５人。戦ったイニングが延べ１３９３回、結果は３勝３敗で仲良く引き分けた一大イベントをモデルとして実行に移すことにしたのです。長時間野球大会に参加していただければ、いやというほど、野球を楽しんでいただけるであろうと考えたのでした。

２０１４年10月12日、13日に、市民にＪＡアグリあなんスタジアムで野球がしたい人に

長時間野球試合風景

思いっきり野球を楽しんでいただくことを目的にした阿南版長時間野球大会を開催しました。大会名は「第1回　阿南市民のつどい　紅白対抗長時間野球大会」として、出場チームを紅白の2チームにして、①少年②中学③一般（16歳～39歳）④壮年・実年（40歳～59歳）⑤還暦（60歳以上）の年齢により区分して実施しました。

試合は両日とも、午前7時～午後9時までの14時間。試合1試合当たり1時間40分～3時間の時間制限により、出場チームを交代しながら得点を通算して勝敗が決まるようになります。第1回大会は、53回で紅組65点、白組31点で紅組が勝利しました。

翌年2015年に、全日本早起き野球協会が開催した長時間野球のように夜間も休みなく試合を続けるようにしたいと思い計画したのですが、第1日目の21時ごろから雨が降ってきたため中断（朝7時まで中止）、翌日の朝7時に再開することができましたので、試合ができた時間としては、第1回大会と同じ28時間になってしまいました。夜間雨のため中止になりましたが、始める前から運営が大変だろうと思っていましたが、実際にやってみると本当に大変なことがよくわかりましたので、第3回大会から、1日14時間実施に戻すことにしました。

その後も毎年この長時間野球大会を開催しています。２０１９年には第6回大会を開催しています。これまでで一番長かった回数が第3回の84回、一番得点が多かったのが第5回の紅組の89点、少なかったのが第1回の白組の31点でした。

5　５００歳野球大会の開催

５００歳野球とは、選手の年齢が50歳以上で、なおかつ、出場している選手9人の年齢の合計が常に５００歳以上でなければいけないというルールからきています。

生涯現役として、野球を楽しみたいという思いで１９７９年に秋田県の旧神岡町（現在は大仙市）で始まりました。秋田県では、１８０チーム、４７００人が参加し18球場で行われるビッグイベントとして定着しています。

全国新聞協会が地方の新聞社に呼びかけ超高齢化社会において中高年の健康増進と生きがいづくりに目標を置き、５００歳野球大会の普及を図ることになり、徳島県では、徳島新聞社から阿南市に対し、５００歳野球大会開催の依頼があったので開催することにしました。全国では、秋田県の他、京都府で高校野球のＯＢによって行われているくらいで、県レベルで行われているのは徳島県のみとなっています。

５００歳野球大会を開催することにしたのは、気軽に野球ができるように、投手間16ｍ、塁間23ｍ、５回戦で試合時間１時間30分の時間制限のルールもあります。それと何といっても大きな特徴は、入る打順を変更することはできませんが、ベンチに退いた選手が何回でも再出場できるようになっています。たとえば一つの打順に守備をする人、打つ人、代走（走る人）と３人起用することができるのです。とことん、やりやすいルールになっているのです。服装も厳しいきまりがないようになっていて、靴もズック靴でも良いようになっています。

中高年齢者（親父たち）が生涯現役として野球ができるようにという心配りが随所にあることと、徳島新聞社と阿南市の両者の主催になったので、５００歳野球大会の徳島県大会を阿南で開催することになりました。

大会開催にあたっては、南阿波定住自立圏共生ビジョン取組事業として、近隣の那賀町、美波町に共催していただくようにしています。

第7章 交流事業

1 モンゴル国との野球交流

(1) 東京の映画会社から協力依頼が舞い込む

２０１１年10月24日突然、東京の新宿にあるアールグレイという映画会社の谷口広樹プロデューサーから、電話がかかってきて「モンゴル野球青春記」という映画を作りたいので、協力して欲しいと言うのです。なぜ阿南なのですかと質問すると、「モンゴルに野球を教えに行ったり、野球場を建設しモンゴル国に贈ったりして、長期間モンゴルと交流されているので、お願いしたいと思ました」とのことで、ついては、早急に市役所に出向いてお願いしたいというのです。

(2) 合併前の旧那賀川町が拓いたモンゴルとの野球交流

阿南市は、2006年3月に隣町の那賀川町と合併したのですが、合併以前の那賀川町・那賀川町体育協会のモンゴル交流について、調べてみました。

1990年8月に海部俊樹首相がモンゴルを訪問したときに、随行の日本モンゴル文化交流協会の役員に、モンゴルの少年から一通の手紙が渡されたのです。そこには、「日本のように野球をしたいが道具がない」と書かれていたのでした。このことが、海部首相から徳島選出の森下元晴衆議院議員に伝えられ、森下氏の秘書であった近藤隆行さんが徳島県軟式野球連盟の会長であったことから、さっそく徳島県内の野球チームに声を掛けたところ、「会長、私のところでやらせてください」と言って手を挙げたのが、那賀川体育協会野球部だったのです。

野球用具の収集を始めてみると、そう簡単にはいかないので、那賀川町役場を訪問し小泉隆一町長に相談したところ、役場も積極的に協力することとなり、メディアにも取り上げられ、4トンのダンプカーにいっぱいの野球用具が集まったのでした。

1992年4月7日モンゴル国のダラムイン・ヨンドン駐日全権大使が那賀川町を訪問し野球用具贈呈式を行いました。同年8月小泉町長、住友一美那賀川町体育協会会長、野球部員などがモンゴルを訪問。１９９３年7月モンゴル国から野球部員20人が那賀川町に来てホームステイ。同年10月モンゴルのオリンピック委員会のジャムツ委員長が東四国国体視察のため那賀川町を訪問。

１９９４年6月　モンゴル国立野球場建設日本協力会を組織し建設推進のため募金活動を始めたのです。

１９９４年7月　町内の小中学生等13名を派遣。雄大な自然の中で異文化に触れ家族の絆と国際感覚豊かな平和を愛する子どもたちの育成に取り組みました（野球から始まった交流が、教育、文化等さまざまな分野に広がる）。

同年10月　モンゴル青年野球チームが広島市で開催されたアジア大会に出場。万全の態勢で試合に臨むため那賀川にて1週間の特訓（試合は韓国に5回コールド0対21）。

１９９６年8月全国から浄財１３００万円（当時のモンゴルの貨幣価値で10億円）を集めウランバートルで野球場建設開始。建設には、モンゴル国政府の依頼で日本から水道事業ためにモンゴルへ来ていた大日本土木株式会社海外支店取締役執行役員支店長の西條勝彦さんとおっしゃる方が、阿南市横見町出身ということでお願いすることになったのでした。また、起工式では、場所がモンゴルですから当然神主さんがいるはずがないので、野

旧那賀川町が全国から浄財を集め建設し贈ったモンゴル国立野球場　1996年9月30日完成

球部の主将であった岡田正之さんが、神主役を務められたというエピソードが残っています。

１９９６年9月モンゴル国立野球場、両翼99ｍ、中堅１２０ｍの野球場が完成。小泉町長他10名が引き渡し式のためモンゴル国を訪問。落成式典・引渡式（革命75周年記念国家プロジェクト）の関連行事として行われました。参列者は、モンゴル政府高官、ウランバートル市長、オリンピック委員長、駐蒙日本大使、モンゴル野球連盟、日本野球関係者、モンゴル国営テレビ、関西テレビ、四国放送、徳島新聞等が出席。モンゴル側から、野球以外にも多目的に有効に利用させて欲しいとの要請がありました。

那賀川町は、モンゴルに野球という一粒の種を蒔きました。あとは、大きな木に育て、花を咲かせ実を結ぶ努力をモンゴル側に託し、交流の一つの区切りとしたのでした。

(3) 映画「モンゴル野球青春記」の製作協力とモンゴル交流

「モンゴル野球青春記」という映画は、モンゴルの子ども達に野球を教えた体験を綴った関根淳氏のノンフィクションを映画化するものでした。日本とモンゴル国交40周年（2012年）を記念する事業でもありました。

映画監督は、武正晴さん（2016年に「100円の恋」で日本アカデミー賞受賞）、主演は、石田卓也さん（リアル鬼ごっこに等に出演）、モンゴルでは有名な俳優であるベーオチル・シャルガンサイハンさん、サンジャー・ウルジフーさん等、日本からは、地元阿南市出身で池田高校・読売ジャイアンツに進んだ水野雄仁さんが出演しています。

谷口プロデューサーからある日資金が足りなくなったと聞かされました。モンゴルの鉱山で大儲けした人がスポンサーになってくれる約束だったのですが、うまくいかなくなって困っているとのことで、資金集めのお手伝いをしなければいけないことになってしまうなど、経費節減のため、映画スタッフには、市内の空家になっていた私の家を提供しました。モンゴルの選手役であるモンゴル人達には、市の施設を貸してもらいそこで生活できるようにしました。選手の使用する野球用具は、市内の野球選手やチームから借りてきたものを使用し、全日本チームのヘルメットは「J」のマークを付けている高校野球チームのヘルメットを借りて来て間に合わせました。何から何まで大変でした。

２０１２年8月31日から9月5日が、この映画のクライマックスとなる18歳以下の選手によるアジア大会の再現、モンゴル対日本の対戦、当時の日本のメンバーには松坂大輔（横浜高校・西武）、杉内俊哉（鹿児島実業高校・ソフトバンク・ジャイアンツ）、村田修一（東福岡高校・ジャイアンツ等）等豪華なメンバーで、実際には大阪南港中央野球場で１９９８年に行われています。

映画撮影に協力してもらう日本チームの選手選考は、市の広報誌や地元徳島新聞に掲載し募集した人達で実施したのですが、武監督自ら、選手役一人ひとりを見て言

映画「モンゴル野球青春記」撮影風景　2012年9月

葉を交わして選考しました。高校生の役を演じるのだから全員坊主刈りにすること。武監督は妥協を認めませんでした。本当の高校野球の試合状況にしたいということを何回もおっしゃっていて、ちょっとしたプレーにも厳しく注文をつけて納得する映像になるまで出演者と格闘していました。その状況は見ている人に映画って厳しいなと、強烈に思わせたと思っています。最後のシーン、どうしても1点が欲しいモンゴルの攻撃で、3塁ランナーのオトゴ選手がホームへスチールをかけますが、間一髪、投球を受けたキャッチャーがランナーにタッチしアウトになり、5回コールド54対0でモンゴルチームの敗戦が決まる時間にして数秒のプレーなのですが、延べ3日間、時間にして5時間くらいは、このワンプレーに要したと思います。

ピッチャー役は、宮本明日加さんだったのですが、一日300球~500球は投げていたと思います。サードランナーは、(モンゴルの本当の野球選手でオトゴ、彼だけが、選手の中では日本語を話せる)おそらく100回くらいヘッドスライディングしたでしょう。キャッチャー役は、久田将之さん。投球をキャッチしてからランナーにタッチをするのですが、こちらも100回くらいになったでしょうから、大変だったと思います。

私は、野球場を朝4時に開け、夜は8時くらいに閉めるのですが、9月の朝4時は真っ暗です。こんな早い時間に本当に撮影が始まるのかと思ってスタンドに座っていると、スタッフの天野恵子さんが用意したおにぎりと味噌汁を配ってくれたのでご馳走になりました。するとカメラマンやら役者さんやらいろんな人が次々とやってきて、まだ、4時過ぎなのに、予定表のとおり動いているのです。いったい皆いつ寝ているんだろうと思いました。

忘れられないのがエキストラ（お客さん役）500人を、4日間集めて欲しいとのことなのですが、謝礼はもちろんゼロ。広報・新聞にお願いしたり、ありとあらゆる人にご協力をお願いして、何とか500人集めることができました。本当にお世話になりました。

この4日間は暑い日が続きました。武監督さんから、「エキストラは3塁側に移動してください」「次は一塁側に移動してください」とマイクで放送されるのです。移動してくださいと言われる所は、カンカン照り、暑くて暑くてとても座っていられない状態なのです。それでもほとんどの人が文句を言いながらでも最後までお付き合いしてくれました。映画のロケ等したことがなく珍しさもあったと思いますが、「市役所から熱心に頼まれたけん協力しました」とおっしゃっていただき、ありがたかったことをよく覚えています。

9月5日に撮影が終わり、スタッフの皆さんも翌日は後片付け、7日にそれぞれお帰りになったのですが、実は、その当時私の父親は、3年半にわたり寝たきり状態で入院していたのですが、ずっと忙しかったこともあり、見舞いに行けていなかったので8日の朝入院先の病院に見舞いに行ったら、かなり病状が悪いのです。ずっと付き添っている私の母親から、「なんぼう忙しくても見舞いにこないかん」と大変厳しく怒られました。申し訳ないなと思いましたが少し状態が持ち直したようだったので、自宅に戻るとすぐ電話が掛かってきて「たった今お亡くなりになりました」とのことでしたので、またすぐに病院へ飛んで行きましたが、父は帰らぬ人になっていました。

「映画撮影が終わって、見舞いにきてくれるまで、頑張って待っとったんだろう。来てくれたので安心して息を引き取ったんかいな」と母に言われました。どうして見舞いに行くことができなかったのか、今も後悔しています。

映画が完成し、２０１３年6月から市内各地で上映会を行いました。映画は好評でロサンゼルスで開催された「オールスポーツ映画祭」で、長編映画部門のグランプリを受賞し、審査にあたって「野球のおもしろさ、スポーツ交流の素晴らしさを見事に表現している」と評価いただき、大きな配給会社が付いていた訳ではありませんが、日本プロ野球機構やプロ野球選手会の応援もあって全国各地で上映されることとなりました。

(4) 発展するモンゴル交流

２０１３年7月22日～26日阿南モンゴル野球交流使節団、岩浅嘉仁団長他17名がモンゴルを訪問し、野球教室、特別映画鑑賞会（モンゴル野球青春記）交流会を実施しました。

草の根の国際交流ということで、関西国際空港から北京経由でウランバートルのチンギスハーン国際空港に向かいました。機内から見下ろす大地は、今までに目にしたことのない広漠たるゴビ砂漠と大海のような草原が広がっていました。

野球教室には、モンゴルの子ども達約１００人が参加してくれました。また、横綱白鵬関も参加して大変盛り上がりました。この中から1人でも、日本のプロ野球選手が育ってくれたらと思いました（白鵬関は、前述の那賀川町がモンゴルで野球指導をしていたころに生徒として参加していたそうです。また、そんなご縁もあり、モンゴル野球連盟の名誉会長でもあるのです）。

２０１５年8月21日～24日　阿南モンゴル野球交流団（少年野球チーム平島ドリームス）14名をモンゴルへ派遣し、交流試合・合同練習・交流会を行いました。

２０１７年7月20日から24日までモンゴル少年野球チームには阿南市で開催する第５回野球のまち阿南少年野球全国大会に出場するとともに、阿南の夏祭り、ＹＭＣＡ太龍寺などを訪問し交流してもらいました。また、一般家庭にホームステイし交流を図ることもしました。この大会は、日本・モンゴル国交45周年記念事業として実施されました。

２０１８年４月14日には阿南市市制施行60周年記念事業として、モンゴル歌舞団阿南公演が開催され、ほとんどの人が初めて見る歌舞団に感動していました。

２０１９年７月31日〜８月４日　関西広域中四国&モンゴル経済文化スポーツ交流協会が国立ウランバートル鉄道70周年記念式典に親善使節団を送り、阿南市から贈呈した救急車の贈呈式とティーボール教室が行われました。

２０２０年１月15日、長年にわたり日本とモンゴルの交流に取り組んでいる三木資源株式会社の河内志郎会長がモンゴル国の名誉領事に四国で初めて任命されました。河内さんは、野球を通じた日本とモンゴルの交流を支援しておられ、２０１５年には、モンゴル政府から、外国人に与えられる最高位の勲章「北極星勲章」を、２０１７年からは、モンゴル国文化大使も務められています。モンゴルとの野球交流も河内さんのご尽力による点が大きく今後の進展に期待したいと思います。

2　長野県上田市・千曲市・阿南町との交流

野球のまち阿南のモデルとなった長野県で開催されている全日本生涯野球大会に毎年のように参加させていただいています。ここに来ると四国の人間としては、めったに会うことができない関東・中部・東北の野球大好き人間に会うことができるのです。野球のまち阿南を売り込むのには最高の場所です。

２００９年2回目に来させていただいた時から、宿舎である上山田温泉では、私は地元の皆さんから市長さんと呼ばれています。弱ったなと思ったのですが10年たったいまでも、市長さんと呼んでくださる方がいるのには恐れ入ります。

そんなことになったのは、開会式の後の懇親会に出席するために岩浅さんのお供として会場に向かっていたところ、岩浅さんが、「田上さん、カバンわしが持ってあげる」と言って私のカバンを持ってくれたのです。市長は背が高く大股なので、私より少し先に会場に入ったのです。

両手にカバンを持って先に入った岩浅さんを私の秘書と勘違いしたのと、すぐ後ろから年上の私が手ぶらで会場に入ったので、案内の人は私が市長と思ったのでしょう。「市長さんこちらです」と言われたので、「市長はあの人です。あの人を先に案内してくれますか」と言うと、岩浅さんは、「かまわん、かまわん、懇親会、今日は田上市長でいこう」とおっしゃるし、半分くらいは旧知の人だったので、私もノリで行ったのが受けたのか、上山田温泉では市長と呼んでくれる人が今でもいます。

２０１６年６月に全日本生涯野球大会の記念大会が開催されることになり、開会式を盛り上げるために、阿南市と野球のまち阿南私設応援団ＡＢＯ60に対して、参加の要請がありました。30年という長い期間お世話して下さった初代大会会長故大塚寛さん、前大会会長峰村壽一さん、大会事務局長太田弘之さんには、大変お世話になりました。

このようなことから、応援団としてＡＢＯ60、出場チームとして、おもてなしチームから生涯野球チームを編成して参加することになりました。

大勢の参加チームから、ＡＢＯ60に大拍手をいただき話題の中心をＡＢＯ60がさらっていってしまったような感じさえする大会でした。おかげで「野球のまち阿南」は絶賛されました。

翌日、「阿南」という同じ名前の長野県阿南町（あなんちょう）との交流のため阿南町を訪問しました。

交流は１９９２年に阿南市の新野（あらたの）高校が甲子園に出場した際、長野県阿南町立新野（にいの）小学校が手紙を送ったことをきっかけに両校で文通が始まりました。

２００５年に岩浅さんが阿南町を訪問し、その後も長野県新野地区住民が阿南市を訪問したり、阿南市側からも阿波人形浄瑠璃の団体が長野県阿南町を訪れるなどして住民交流を深めてきました。

長野県阿南町新野小中学校グラウンドで新野夜間ソフトボール連盟と阿南市おもてなしチームが交流試合を行い、ＡＢＯ60のメンバーが両チームの選手を元気に応援しました。また、ＡＢＯ60の皆さんは、試合に先立ち、救護施設阿南富草寮を訪問して、歌や踊りを披露するなど施設利用者と楽しい時間を過ごすことができました。

3　東京都八丈島八丈町との交流

伊豆諸島、東京の南約２９０㎞に浮かぶ面積69㎢人口約７０００人の島が野球の島だと言われているのご存じでしょうか？　八丈島町のキャッチフレーズは「花と温泉と焼酎と野球の島」です。人工芝の立派な野球場が二つあり、東京国体のときには、高校の軟式野球大会の会場として使用されたほど整備されています。

八丈島との交流は、２０１１年10月16日に還暦野球チームの八丈フェニックスが観光ツ

八丈島八丈町との交流　2015年３月

アーで来てくれたことから始まります。毎月貯金して2年に1回全国各地を野球の試合をしながら旅行をしているのだそうです。阿南に来ることになったのは、２００９年に東京から観光ツアーに来てくれた墨田ダンディーズに、「阿南に行って来なさい」と言われたのがきっかけだそうです。

主将の菊地庄一さんがチームのまとめ役で世話好きな人でした。プロ野球巨人軍の柴田勲さんにあこがれて、高校は甲子園を目指して法政二校に入ったお話をお聞きしたので、対戦相手は、徳島県の還暦野球の中でも最強の徳島クラブにお相手をお願いしました。

試合は、1回の裏に徳島クラブが7点を先取して一方的な展開になるのではないかと心配したのですが、八丈チームが少しずつ得点を返し、ついに最終回の7回の表に逆転してそのまま試合終了となり、八丈チームが勝利したのでした。菊池哲弘監督、金田哲哉さん、森郁郎先生等八丈を代表する名選手を集めています。八丈チームの特徴は、いつもチアーガールが一緒に参加していることです。なお、八丈では、女性応援団のことをチアーガールというのだそうです。町会議員の水野佳子さん、石田よし江さん、森泰子さん、菊池昭代さんありがとうございました。

八丈ではこの年代（60歳代・70歳代）は、良い選手が揃っているのだそうで東京都の大会に出場し活躍しているそうです。試合の後は、焼酎の産地であることから、焼酎好きの人が多くこの日も八丈から送って来た焼酎で乾杯、野球談議と歓迎の阿波踊りで盛り上がりました。

八丈島では１９６０年ごろから離島ブームで、東洋のハワイと言われ年間20万人の観光客を集めていたのですが、最近は海外旅行等に押され、８万人くらいに落ち込んでいるそうです。

山下奉也町長は、阿南市が取り組むスポーツによるまちづくりに関心を持ち役場の産業観光課内にスポーツ交流の部署を設け、主幹の笹本博仁さん、主事の奥山徳夫さんを配置するとともに、２０１４年４月に行われた西日本生涯野球大会に大会運営のノウハウを吸収するために町長自ら、新たに配置した２名を伴って来市されました。

その後は、体験を活かしスポーツ合宿の誘致とサポートに取り組み、野球やサッカー等の合宿誘致に成功し今後の発展が期待されています。

２０１５年3月に八丈町の町制施行60周年の記念事業として、フリージア祭りのときに合わせて開催された野球大会に招待されたので、参加チームを募集し、応募のあった還暦野球の阿南つどいクラブ・一般はおもてなしチームと応援団と開会式セレモニー出演のためにＡＢＯ60に参加をお願いしました。

9時30分に徳島空港を出発して、羽田空港八丈島行の飛行機に乗ると昼の1時30分に到着しました。到着ロビーには、歓迎の横断幕を持った副町長・教育長さん等大勢の出迎えを受けてから、バスで南原スポーツ公園野球場に到着、開会式とセレモニーのあと2試合させていただきましたが、2試合とも八丈チームの勝ちでした。ＡＢＯ60の皆さんは、試合の合間に八丈第二老人ホームを訪問し、歌謡ショーや踊りを披露して入所者の皆さんと楽しく交流しました。

夜には八丈町の主催で交流会があり、勇壮な八丈太鼓やハワイアンダンスを見せていただきました。美味しい料理とご自慢の焼酎を堪能しました。

八丈の人達にお会いすると初めて会った人とは思えない親しみやすさがあります。不思議に思っていると、昔は罪人が流される島流しの島だったのですが、流されて来た人を大事にする文化（流人文化）が根付いているのだそうです。罪人といっても泥棒とかではなく重い刑の政治犯なのです。お殿様や公家といった人ですから見識が高く教養があったので、八丈の人たちに学問を教えたのだそうです。

このようなことから島の外から来る人を大切にする文化が生まれたのです。八丈に行って、関東から、九州から来て気に入ったのでずっと住んでいるという人に何人もお会いしました。八丈はそんな気持ちにさせる所なのです。

２０１７年11月にも野球観光ツアーでも来ていただいていますし、モンゴル野球青春記全国上映の時には、八丈だけで映画上映会を開催していただくなど交流は今も続いています。

4　島根県奥出雲町との交流

「日本一弱いチームですが参加させてください」と言って野球観光ツアーに来ていただいたのは、島根県奥出雲町の奥出雲マスターズです。

弱いチームなんですと言いながら実際に来てみたら強いチームがあるのですが、奥出雲チームは本当に弱かった。しかし、ツアーを一番楽しんでいただいたチームだと思います。２０１３年から２０１８年まで、６年連続して参加していただきました。

最初に参加していただいた時は、井上勝博町長さんも来ていただきました。町長さん自らが参加していただいたのは初めてでした。２０１７年の１勝は忘れられない１勝になったことと思います。

世話役の藤原一登さんには、何かとお世話になりました。来ていただいた時には、いつも「島根の郷土芸能どじょうすくい」を披露していただきありがとうございました。

忘れられないのが２０１４年８月24日に奥出雲町で開催されていた三成愛宕まつりに阿波踊り連「奴連」をご招待いただいたことです。このお祭りは奥出雲を代表する夏まつりで、町内の各地で踊らせていただきましたし、ケーブルテレビで紹介もされました。「阿南に行ったときにいつも踊ってもらっている」とのことで、お返しにと招待され旅費まで出していただき感謝しています。また、準備が整いましたらお越しいただきたいと思っています。

5　新潟県新潟市との交流

全国で、市内の野球大会の運営を直接市が行っているのは、新潟市と阿南市しかないことを聞き2010年に新潟市を訪れたとき、新潟県ではNPO法人新潟野球人・新潟県野球協議会を組織し、少年野球教室、青少年・社会人・シニア等の野球イベントを開催し、過度な練習から発達期にある選手のケアに取り組んでいる状況を研修させていただくとともに、佐渡高校が選抜出場直前に阿南市で強化合宿を行うことに発展したのです。これらを受けて相互交流に発展させるために新潟交流事業を企画しました。計画から運営までを新潟野球人事務局長の中野久さんにお世話になりました。

新潟市は、早起き野球が大変盛んな地域で、約200チームが活動している全国で、市としては最多チーム数を誇っています。また、阿南市には全日本早起き野球の事務局があり、全日本早起き野球協会としてもご縁のある二つの市なのです。

新潟交流に参加していただいたのは、野球チームだけでなく阿波踊りの奴連や物産・観光PRとして阿南商工会議所や市商工観光課の職員も参加しました。総勢50人。多彩な顔ぶれで賑やかな旅になりました。

初日の2012年8月4日は、新潟まつりのパレードに参加、炎天下の中、奴連を先頭に街路を行進。初めて見る阿波踊りに感動したのか、沿道の観客から大きな拍手や歓声が送られました。踊り子たちは汗びっしょりになりながら声援に応えていました。

午後からは、新潟の早起き野球チーム「ホットショット」「重川材木店」と阿南市の早起き野球チームによる交流試合を行い交流しました。

6　奈良県宇陀市との交流

「甲子園球場で還暦野球大会を開催したいので協力して欲しい」とのことで、元奈良県立大学講師で地域創造学士の寺岡稔さんが2016年1月11日に阿南まで来てくれました。

この時、寺岡さんは、高齢化が進行する中で、阿南市がいち早く野球に目を付け、市役所に「野球のまち推進課」を置き、町づくりに取り組んでいることを、大変評価していただくとともに、還暦野球の全国大会を甲子園で開催するための組織として、一般社団法人日本生涯還暦野球協会を立ち上げ、「おじいちゃんの甲子園大会」を開催するという計画に基づき阿南市と阿南市生涯野球連盟に協力を求めるためだったのです。

寺岡さんは、仕事の関係でスイスを訪問することが多く、福祉の充実するスイスでは60歳を過ぎた人が楽しく暮らしているのを見て、福祉や地域活性化に興味を持ち、58歳で奈良県立大学の地域創造学部へ入学し学ぶ中で、元気な高齢者の活動が「まちおこし」につながらないかと考えたそうです。

高齢者が活躍できる企画をたくさん考えましたが、中高年の世代で一番盛り上がったのが子どもの頃に誰もがしたことのある「野球」の話題でした。奈良県内では高齢者が中心となったチームがなかったため、還暦野球チームを作り、活動しているうち新聞に取り上げられ、問い合わせが殺到しました。すぐに40人くらいが集まり、3チームができるほどでした。今では16チームに増え、交流や試合をしているそうです。

還暦野球チームは全国各地にあるので、全国大会を開催することで、さらに地域が活性化すると思い宇陀市に提案してみたところ、「還暦野球のまち　宇陀市」を宣言し、町おこしの一環として取り組んでくれることになったのだそうです。

宇陀市役所農林商工部商工観光課で還暦野球大会の企画運営や、一般社団法人日本生涯還暦野球協会の事務局としての業務を行っています。阿南市には、2016年3月29日に副市長の中野理さん、農林商工部長の山本善次さん、商工観光課長の小野雅史さんが先進地視察研修に来られてから、ほぼ毎年人事異動による新しい職員が研修に来られています。

寺岡さんには申し訳ありませんが、正直に言うと甲子園で還暦野球の全国大会が開催できるとは思っていなかったのですが、2017年11月に第1回、2018年11月に第2回の「おじいちゃんの甲子園大会」を兵庫県の「ほっともっとフィールド神戸」で開催し、2019年第3回にして念願の阪神甲子園球場で「おじいちゃんの甲子園大会」を開催することができたのでした。

やはり、日本人にとって「甲子園」は特別なのだと思いました。全国各地の還暦野球大会で優勝したチームに、この「おじいちゃんの甲子園大会」に出場できる資格を与える方式を考案した寺岡さんのアイデアは、かつての野球少年達の心を大きく刺激していると思います。

第8章 イベント事業の開催

1 女子プロ野球公式戦の開催

野球のまち阿南に女子プロ野球チームがやって来た！

２０１１年４月29日、賑わいを作り出すため、当時としては目新しかった日本女子プロ野球２０１１リーグ戦のシンデレラシリーズ開幕戦をＪＡアグリあなんスタジアムで開催しました。京都アストドリームスと兵庫スマイリーズの白熱したゲームが繰り広げられました。

当日は天気にも恵まれ、会場には１９１３人の観客が詰めかけました。試合はワンチャンスをものにした京都アストドリームスが２対０で勝利。先発の荒井投手の好投も光りました。女性とは思えない長打力と堅実な守備が印象的な試合でした。溌剌としたプレーに観客から大きな歓声が沸きあがりました。

野球場では併せて、野球のまち阿南のテーマソング「阿南へ行こう」をシンガーソングライター皆谷尚美さんが、「阿南球場の歌」を四国放送アナウンサー寺島啓太さんが披露する場面もありました。

開催にあたりましては、大阪府高槻市の日本女子プロ野球機構を訪問させていただき打合せ等させていただきお世話になりました。準フランチャイズとして、年間何試合か実施してはどうか等ありがたいお話もありましたが、うまく調整ができず申し訳ございませんでした。

2　プロ野球マスターズリーグの開催

人を呼び込み賑わいを創出するために、プロ野球マスターズリーグを誘致。２００９年3月28日にマスターズリーグ公式戦「大阪ロマンズVS札幌アンビシャス」を開催することになり、親交のあった株式会社アスリートジャパンの高津義信社長に協力をお願いしマスターズリーグに繋げていただくとともに、関係者との詳細な交渉にも心を砕いていただき感謝に堪えません。

中でも事業遂行に行き詰まってしまってこの事業の主催者である四国放送株式会社の益田一政部長と小喜多雅明副部長と一緒に高津さんを訪ねて、水道橋の東京ドームホテルを訪問したら、プロスポーツ大賞の表彰式（アスリートジャパンがプロスポーツ大賞の表彰式を運営）の会場に行き合わせる格好になってしまったのですが、高津さんが中に入ってここに座れというので座ってビックリ、私の右横に大相撲の日馬富士関、左横には大沢啓二さん、ステージには何とゴルフの石川遼さんが新人賞受賞のインタビューを受けているのでした。

隣にすわっている大沢さんにご挨拶をして、「親分と呼ばせていただいて良いですか？」とお尋ねしたら、「ああ良いよ！」って言ってくださいました。それで、その時に来年の四国アイランドリーグ徳島球団の阿南開幕戦において、始球式に来てくださるようお願いをしました。翌年4月、私は忘れていたのですが、「徳島選出の国会議員と約束したので始球式に行きます」との連絡があり、約束した相手の年恰好から私だとしか思えないのです。後で分かったのですが、市役所のバッジが国会議員のバッジに見えたのだろうと思いますが、ノーギャラで来ていただいた上に親しく野球界の話を聞かせてくださいました。その後も講演に来ていただいたり親しくしていただき感謝しています。

翌日の朝8時に東京ドームホテル内の喫茶店で高津さんにもう一度整理して説明して、了解をいただき、何とかマスターズリーグの開催に向け取り組むことができるようになりました。

この時の主な選手を紹介すると、大阪ロマンズ監督山田久志、コーチ大熊忠義、選手加藤秀司、長池徳士、山崎慎太郎、野田浩司、札幌アンビシャス監督柴田勲、コーチ辻恭彦、選手村上雅則、若松勉、池谷公二郎、藤代和明、新浦壽夫、川口和久、田中幸雄、松本匡史さん等往年の名選手ばかりです。

夜は歓迎レセプションを開催し、来賓・監督選手60人、一般客120人が出席しロイヤルガーデンホテルで盛大に開催され、市民の皆さんにも有名選手との交流を楽しんでいただきました。この時は、WBC大会に王監督で優勝した直後にもかかわらずピッチングコーチを務めた山田久志さんが駆けつけてくださり盛り上げてくださいました。

3 日本宝くじ協会「スポーツフェア・ドリームベースボール」開催

2018年10月5日往年のプロ野球名選手が野球愛好家やファンと交流する日本宝くじ協会「スポーツフェア・ドリームベースボール」が、JAアグリあなんスタジアムで開催され、およそ5000人がつめかけました。

この日のために村田兆治さんをはじめ堀内恒夫さん等24人の元プロ野球選手の皆さんがドリームチームとして来市、子どもたちに野球指導をする「少年少女ふれあい野球教室」には、阿南市の周辺地域から小中学生492人が参加、憧れの元プロ野球選手からの技術指導を受けました。桑田真澄さんは、子どもたち一人ひとりのピッチングフォームを確認しながら、正しい体重移動や変化球を投げる際のボールの握り方などを具体的にアドバイスしてくださいました。

また、「ドリームゲーム」では、監督の阿部恒男さん率いる23人の阿南市チームがドリームチームに挑戦。試合は、2回裏阿南市チームの田中和彦選手のヒットで2点を先制する展開になりましたが、5回表プロの意地を見せたいドリームチームの本間満選手がホームランを放って1点を取り反撃体制に入ると、観客席からは歓声やどよめきが湧き起こり、その後6回表にもドリームチームが1点を追加、2対2の同点で試合終了となりました。

また、野球場の近くの桑野公民館では、金田正一さんによる講演会も行われました。

4 東京六大学野球オールスターゲームの開催

集客に繋がるイベントとして誘致したのが、東京六大学野球で活躍する選手が勢ぞろいするオールスターゲームで、2015年8月21日に阿南市屋内多目的施設オープン記念・東京六大学野球連盟設立90周年記念事業・「東京六大学野球オールスターゲームin阿南」として開催することとなりました。

東京六大学の2015年春季リーグ戦の順位を基に六大学を2チームに分けて、1塁側のハモーンチーム（阿南市は鱧の産地として有名・鱧の妖精をハモーンと言う）は、早稲田大学、明治大学、立教大学、3塁側のあななんチーム（阿南市のゆるキャラの名前）は、法政大学、慶応義塾大学、東京大学でゲームを行うのです。

参加者も豪華な顔ぶれで、現在プロ野球で活躍している主な選手だけでも紹介すると、投手＝上原健太・日本ハム（明治）、柳裕也・中日（明治）、星知弥・ヤクルト（明治）、田村伊知郎・西武（立教）澤田圭祐・オリックス（立教）、小島和哉・ロッテ（早稲田）、内野手＝茂木英五郎・楽天（早稲田）、大城滉二・オリックス（立教）、外野手＝重信慎之介・巨人（早稲田）、高山俊・阪神（明治）、菅野剛士・ロッテ（明治）、田中和基・楽天

東京六大学野球球宴集合写真　2015年8月

（立教）になります。

部長・監督だけでも、早稲田大学＝川口浩部長、高橋広監督、明治大学＝井上崇通部長、善波達也監督、立教大学＝前田一男部長、溝口智成監督、法政大学＝宮本健蔵部長、青木久典監督、慶應義塾大学＝岡浩太郎部長、大久保秀昭監督、東京大学＝丹下健部長、浜田一志監督、に参加していただきました。

この大会は、選手だけでなく応援団・チアー・等についても交流を深めることを目的にしていることから、市内の吹奏楽部のある高校のうち、富岡西高校と新野高校に協力をお願いしました。他一般社会人の吹奏楽グループ「ままブラスanan maman」にも協力をお願いしました。

歓迎交流会も大学ごとにテーブルを配置し、一般参加者を募集させていただいたところ、各大学のＯＢの方などから連絡をいただき満席になり、「六大学の部長や監督と話ができただけでもよかった」と言っていただく等、達成感を感じる大会であったと思います。

第9章 屋内多目的施設の完成

1　屋内多目的施設の整備と合宿誘致

「野球場と屋内練習場は一体のものでなければいけない」という考えが、近年野球場を建設する上で当たり前になっています。

２００９年に大阪市立大学硬式野球部が阿南に初めて合宿に来てくれることになったときの条件が、屋内練習場の早期整備でした。

屋内練習場が建設されるまでの合宿は、雨の心配をしながら練習計画を編成しなければならないのです。合宿期間中すべての日に使用可能な体育館とティーバッティングができるところに交渉して使用できるようにしておきます。そして、雨が降ってくると、宿舎の３台のマイクロバスで練習メニューに合わせて練習会場に選手を下ろして、代わりにその会場での練習が終わった選手を乗せて、次の会場へ向かうのです。その上昼食時には、会場ごとに人数を確認して弁当を届けなくてはならず大忙しになるのです。3月上旬のことですので、普段は雨の多い時季ではないのですが、このころは何故か雨の日が多く選手やマネージャーにご不便をおかけしました。

そんな状況が続いたとき、大阪市立大学のOBであり、近畿学生野球連盟の理事長であった後藤忠彦さんから、「屋内練習場ができないのであれば、もう阿南には行かない」と猛抗議を受けました。後藤さんのご指摘のとおりで、大阪市立大学としては、2009年から2015年までの6年間に亘って屋内施設が整備されないにもかかわらず、阿南での合宿を続けていただいていたので返す言葉もありませんでした。

このような状況を受け岩浅さんから、屋内練習場の整備について、全権を委任するので、担当課とよく協議し実現に向けて、努力するよう命令がありました。

2012年6月、さっそく、徳島県庁の都市計画課を訪問し、徳島県南部健康運動公園内に野球のための屋内練習場を早期に整備していただくことについての進捗状況を尋ねたところ、「屋内練習場のことは聞いたことはあるが、計画はまったくない」とのことでした。このことは、市の懸案事項でありながら県にはその重要性が伝わっていなかったためであり、改めて屋内練習場の必要性を説明させていただきました。

２０１２年８月、県庁都市計画課と協議、すでに国の補助事業として着手した土地以外であれば、阿南市が独自に整備すれば、屋内練習場を整備することについて認めることができる見解を示してくれたのでした。

２０１３年１月、県庁で飯泉嘉門徳島県知事に市長から徳島県南部健康運動公園内に屋根付き多目的スポーツ練習場を建設したいとした要望書を提出することにより、阿南市単独で屋内多目的施設建設に着手できることになりました。

２　地元の協力による素晴らしい落成式

２０１５年７月19日に待望の屋内多目的施設が完成し落成式が行われました。

待望の施設が完成したことから、盛大な落成式をするのだと桑野地域振興協議会長の谷中勝信さんからお聞きしていたのが、まず、おもちを５石投げること。前々年に田んぼにもち米の作付をしなければ、７月にもち米にはならないのです。そして、５石のもち米を収穫するには、約２反（１９９２㎡）の田んぼに作付が必要になることから考えても大変なことです。

屋内多目的施設の完成　2015年7月

7月は真夏ですから、握ってお餅にして、翌日に餅投げをするような日程にしないとお餅が傷んでしまうことも考慮しなければいけません。また、お餅を握るボランティアが必要です。この握ってくれるボランティアの確保も大変です。

自衛隊にお願いして、ジェット機による祝賀飛行とヘリコプターによる記念ボールの投下をしてもらうことになりました。阿南市那賀川町にある陸上自衛隊徳島駐屯地に何回も打合せに行かせてもらいました。祝賀飛行として、当日ジェット機が上空に煙を出しながら飛ぶので歓迎するように準備していましたが、ほんの数秒のことなのでわからないままになってしまいました。せっかく時間をかけて準備したのに残念でした。

記念事業として、少年野球教室を隣接する野球場で開催しました。講師には、いずれも元巨人軍の篠塚和典さん、定岡正二さん、松本匡史さんが来てくれました。すごいメンバーに来ていただき子ども達もハッスルしてくれて楽しい野球教室になりました。

屋内多目的施設の入り口に地元出身の俳人大高翔さんの俳句「夏草の香の白球をなげかへす」が架けられました。施設の名前についても一般募集していて、この日「あななんアリーナ」に決まりました。

記念事業として、三番叟獅子舞、徳島文理大学和太鼓部億、ＡＢＯ60のダンス、ハワイアンダンス、達粋連の阿波踊りが披露されましたが、当初から心配したとおり予定時間を大幅にオーバーしてしまいました。皆さん熱心にお世話してくださるので、出し物を縮小しないと時間内に終わらなくなると何回もお願いしていたのですが、調整できないままタイムオーバーになりましたが、皆さんに楽しんでいただけたので良かったと思います。

３　社会人野球・三菱重工広島チームの合宿

高校野球・大学野球チームの合宿誘致に成功したので、次はこの事業の大きな目標の一つであった社会人野球チームの誘致に取り組むことになりました。

日本野球連盟徳島県連盟会長の岡久正弘さんに協力を依頼しました。岡久さんは、新野高校野球部出身で徳島相互銀行で社会人野球の経験を有する人でしたので、すぐにご理解

三菱重工広島合宿　2016年２月

をいただき２０１３年に東京ドームで開催された都市対抗野球大会に案内してもらい、日本野球連盟副会長の後勝さん、事務局長の崎坂徳明さん、事務局事業課長の佐藤栄一さんを紹介してくださいました。また、２０１４年大阪ドームで開催された日本選手権大会においては、以前阿南に視察に来ていただいたことのある日本生命チームの試合を見学しました。

２０１５年４月４日四国コカ・コーラボトリングスタジアム丸亀で開催されたＪＡＢＡ四国大会に阿南市の山崎秀行野球のまち推進監とともに招待していただき、日本野球連盟四国地区連盟会長の尾崎守さんを紹介していただくとともに、三菱重工広島、日本新薬、JR西日本、ツネイシの監督・マネージャーに会うことができたので、阿南での合宿についてお願いをさせていただきました。

社会人野球の強豪チームとして有名な王子製紙の野球部は愛知県の春日井市にあるのですが、阿南市にも同じ王子製紙の工場である富岡工場があることから、王子製紙野球部にぜひ阿南で合宿をして欲しいという意見をいただき、２０１６年8月30日に岩浅さん自らお願いに行かれることになり、私もお供をさせていただくことになりました。王子製紙野球部は、長く尾鷲市で合宿をしていてすぐに変わるのは難しいが検討していただけることになりました。

中国プロ野球天津ライオンズにABO60カレーでご馳走

そんなとき、都市対抗野球大会の常連チームである三菱重工広島の監督である元広島カープの町田公二郎さんとマネージャーの坂根寿敏さんが、阿南での合宿を前提に野球場の視察に来られ、野球場や屋内練習場、旅館を視察し、グラウンドの芝生の状態や練習設備などを確認しました。

２０１４年までは春先に広島市で合宿していたが、２０１５年は高知県安芸市に遠征し、今回、阿南市からの熱心な誘致を受けたことや、屋内施設面の充実、温暖な気候などを理由に、視察に来られたその場で、来年から阿南で合宿したいとの申し入れをいただきました。話が進むときはそんなものかと感心しました。

4　大学野球・京都大学硬式野球部の合宿

京都大学硬式野球部の監督の青木孝守さんが、予てから交流のあった三菱重工広島の関係者から、野球場や屋内多目的施設の評判を聞いて、合宿地に選んでくださいました。毎年、春と夏の年2回、80人規模の大人数で来ていただけることになりましたが、このことは合宿の日程が過密になっていて大学野球の日程を確保することが困難な状態になっていたところを、三菱重工広島さんが柔軟に対応して下さり実現したのです。

5　徳島インディゴソックスとの協働海外チームの合宿誘致

徳島インディゴソックス球団代表の南啓介さんに、徳島球団の財政事情を少しでも挽回するために、現役時代に海外のプロ野球チームに在籍していた経験と交友関係を活かして、阿南市ではすでに外国チームの合宿の受け入れ体制ができているので、受け入れ先に選んでもらえるようお願いをしました。

関西空港から阿南まで3時間を要するので、時間的な条件は悪いと思いましたが、野球場と屋内練習場の整備状況が整っている点をアピールしていただき誘致に漕ぎつけることができました。

２０１7年6月4日から7日間、中国の天津ライオンズが合宿を行うために来てくれました。まず、市の玄関口にある「89番野球寺」で、市内の女性6団体の計約30人が「熱烈歓迎中国野球天津ライオンズ」と書いた看板を掲げ、大型バスで到着した監督、コーチ、選手計36人を出迎え、宿泊するホテルでは、地元の阿波踊り連が躍動感あふれる踊りを披露しました。

天津ライオンズは、7日間の合宿中に四国アイランドリーグの4チームと5試合の練習試合を行う等、充実した練習ができたことと思います。

昼食時にチアーガールのＡＢＯ60の女性たちが、カレーライスのサービスをしたら、お代わりの連発になり大変喜んでくれました。また、カラオケが得意な人がいて中国語の歌や日本の歌も聞かせてくれました。電気店を紹介したら、帰りにテレビ23台も買って帰ってくださいました。

南さんは、小学生～高校生の合宿についても取り組んで下さり、中学生・高校生（選手35人・指導者5人）を7月8日から10日間、小学生（選手38人・指導者4人・保護者8人）を8月6日から6日間の誘致を実現させてくださいました。

野球が東京オリンピックの種目となったこともあり、中国政府が野球の技術アップに力を入れるようになり、日本に野球の合宿に行くことに補助金が出ることになったこともあって日本での野球合宿が成立するそうです。

それにしても、小学生1チームの合宿に政府から報酬をもらっている指導者が6人も付いてくる中国の指導体制にビックリしました。

私としては、中国側のコロコロかわる日程に根気よくお付き合いしながら、練習会場・練習試合の相手・審判員のお世話をさせていただきましたが、国が違えばこんなに何もかもが違うのかということを痛感しました。しかし、万国、子どもは、素直で良いなと思いました。野球のお陰で中国の子ども達と友達になれて良かったです。

第10章 市民の協力（行政のものから地域のものになる）

1　60歳以上のチアーＡＢＯ60の活躍

２０１４年１月10日荒谷みどり市議会議長から電話で「重要な要件があるので、大至急議長室に来なさい」というので、急いで議長室を訪ねると、後にＡＢＯのリーダーとなる私の同級生の都崎文恵さんがいるではありませんか。

議長に要件はなんでしょうかと尋ねると、この都崎さんたちが、「野球のまちを応援するために60歳以上のチアーを作りたいとの申し出があったので、野球のまち推進課で、どういう活動をするかとか、組織の立ち上げとか、万事面倒を見てあげて欲しい」とのことなのです。60歳以上のチアーなど、聞いたことがありません。「さあー大変だ、どうしようかな」と本当に困惑しました。しかし、議長は真剣な顔をしているし、都崎さんはやる気満々のようだし、「どんな結果になるか分からないがとにかくやってみよう」と思いました。

都崎さんは、趣味で歌謡ショーやフラダンスを演じる「べっぴん一座」というグループを9年前の東日本大震災を期に立ち上げ、県内各地の老人福祉施設や障害者福祉施設を訪問し交流する慈善事業を続けていた経験から、阿南市に人を呼び込むために東奔西走して頑張っている同級生の筆者のために、ダンスでだったら応援することができると決心したのだそうです。

私の家から4軒となりが都崎さんの実家でしたので、子どものときから小学校・中学校と一緒だったこともあり特に心配してくれたのだと思います。また、都崎さんの長男の真之介君が、素晴らしい野球選手で、徳島商業高校の投手として甲子園に出場し、社会人野球川崎重工の選手として活躍したほどの逸材であったので、野球に対する関心も高かったことがチアー結成に繋がったのだろうと思います。

チアーの名前は、AKB48（AKBフォーティーエイト）に対抗して、ABO60にしました（ABO60のAは、阿南のA、ABO60のBは、ベースボールのB、Oはおばちゃんの〇と決まりました）。

リーダーは発起人の都崎さん、ダンス指導には、ダンス教室を経営している浦田晴子さんが受け持つこととなり、メンバーはどんどん増え、特に、荒谷みどりさん、橋本幸子さん、星加美保さん、保岡好江さん等４名の女性市議会議員さんの加入とバックアップが大きかったことと、会長に元大塚製薬板野工場工場長・大塚国際美術館理事であり、現在は徳島ユネスコ協会会長を務める河内順子さんが就任したことにより、まとまりのある組織体制が整ったと思います。

４月19日の西日本生涯還暦野球大会にデビューしてもらう計画にして、２月４日が初練習、さっそく、マスコミから取材申し込みが来ました。何と早い、彼女達がマスコミに連絡していたのでしょう。

日本中どこにもない60歳以上のチアーガール。メンバーの中には市議会議員や歯科医師や元教員もいる。メンバーの中にミシンを使える人がいてユニフォームは自分達で作るのだという。そのとおり、練習しているところや、ユニフォームをミシンで縫っているところや、市会議員さんの紹介などがそのままテレビや新聞に出て、すぐに大きな話題になりました。

４月19日のデビューの日は、テレビカメラが４台（ＮＨＫ・四国放送・朝日放送・毎日

野球のまち阿南私設応援団ABO60

放送）、還暦野球大会というよりも、ＡＢＯ大会と言った方がふさわしい状況でした。まず、選手入場のアナウンスによって、チームごとに選手が入場してきますが、ＡＢＯは各チームの先導役としてプラカードを持って入場し行進。全員が整列した時点で、いったん退場して、隊列を組みなおして、演台の前（中央）と投手板の間のところに入場して、ＡＢＯご自慢のダンスを披露するのです。

選手の目の前で踊りが始まるので、選手はニヤニヤしている人、写真を撮る人、拍手している人などで、いつも結構盛り上がっています。

開会式の後は、スタンドから応援してくれています。スコアボードの名前やメンバー表で選手名を確認して、「○○くん、がんばって」と名前を呼んで応援してくれています。選手も心得ていて、グラウンドとスタンドで会話になっているときもあります。そして、試合が終わってベンチを出て来た選手に「また来年も来てよ！」という感じで声を掛けてくれています。選手の反応は、応援団つきで試合をしたのは、高校生の時以来の人が大半で、皆さんに喜んでいただいています。

その日の夕方のＮＨＫは、夜の7時の全国ニュースでこの60歳以上のチアーを番組のエンディングとして、放送してくれたのでした。凄い反響でした。

60歳以上のチアー、それは、チアーは若い人という常識を覆す斬新さと現代は超高齢化社会のため、元気なシニア層は称賛される存在になっているのだと思います。

ＡＢＯ60デビューの報道は、多くの人の記憶に残っていて、県外に出たときに「阿南、知らないな？」という人に、「チアーのおばちゃんのいる町です」と説明すると、だいたいの人は、「あそこですか」と言ってくださいます。それぐらい印象的な出来事だったと思っています。

ＡＢＯ60の人気は今も続いています。野球好きの人達だけでなく阿南市の顔的存在として、野球以外のいろいろなイベントに出演の依頼を受け、会場を楽しく盛り上げる役割を務めてくれているのです。最近は、徳島県警察本部の安全安心大使として、警察行事にも参加し社会貢献活動にも一役買ってくれています。

２０１５年東京都八丈島八丈町、２０１６年長野県上田市・阿南町、２０１７年長崎県島原市、２０１８年秋田県秋田市からお招きがあり、野球大会等のイベント時に得意のダンスで会場を盛り上げるとともに、「野球のまち阿南」をＰＲしてきました。

人間60歳にもなるといろんな人生を背負って生きてきています。ＡＢＯの皆さんも当然いろいろな経験をされています。夫を亡くして落ち込んでいた時に声を掛けてくれてＡＢＯに入り、皆さんと一緒に活動して元気をもらったお陰で立ち直れた人、母子家庭の方も多数おられます。女手一つで子どもを育て上げてきた人、病気を抱えながら生きがいとして活動に参加している人もいます。結成して7年目を迎え、メンバー同士の交流や励ましが活動の支えになっているように感じています。

年間活動回数60回の活動回数と、月に約3回の全体練習をすべてボランティア活動として行っていただいていることに対し、少しずつ市民の間に活動状況が浸透しつつあると思います。

2　婦人会・審判員・放送記録員の協力

いつのころからか「市民が支える野球のまち阿南」と言われるようになってきましたが、

審判講習会

その中でも婦人会、審判員、放送記録員の皆さんの協力は大きいと思います。

婦人会には、合宿に来てくれた選手のお接待（お世話）をしていただいています。

2月中旬から3月中旬の約1か月になりますので、当番制にして、各班3～5人くらいで分担して実施していただいています。

審判は、阿南市軟式野球連盟の審判員の皆さんにお願いしています。現在審判員として登録している人は約30人です。大会によっては、会場が8か所、試合数が48試合と多い大会がありますので、1日に1人の審判員に3試合の審判をお願いすることもあります。毎年審判員養成講習会を開催し、新しく審判員になってくれる人を募集していますが、毎年1～2名の増にとどまっています。高齢の審判員が増えています。若い人の協力応援に期待しています。

放送記録員についても毎年養成講習会を開催して、新しく放送記録員になってくれる方を募集していますが、毎年1～2名の増にとどまっています。きちんとした大会運営を行うには欠かせない人材です。充実した事業にするためにも頑張っていただきたいと思います。

3　グラウンドキーパーの献身的な努力

ＪＡアグリあなんスタジアムは２００７年5月のオープンから、山田定和さん等歴代のグラウンドキーパーによって、野球ができる最高の状況を維持できるよう献身的な努力が続けられています。厳しい利用規則に対して、利用者から文句を言われたことがよくあったそうです。良好なグラウンド状態を維持するために怒られながらも根気強く続けてきた成果となって、野球のまちに生きています。

基本は、グラウンドの広さや勾配を維持すること。選手にけがをさせないことはもちろん、快適にプレーができるよう、土の固さや芝生の長さをこまめに管理しています。グラウンドキーパーに求められるのは、〝手と足の感覚〟。はた目には簡単そうに見えるトンボかけも奥が深く、いざ手にしてみると満足に操れるものではないのです。土の中まで〝適切な硬さ〞に調整するのは、足の裏の感覚のみで行うのだそうです。

グラウンドの管理は、季節によって内容も違います。芝生が活性化する6月以降は、週2〜3回の芝刈りや水やりに加え、雑草やサッチ（芝生の成長とともに下部が枯れてできるカス）の除去といった作業も頻繁に行わなければならない。一方、冬場は芝生を養生させるため、砂を入れ替えてじっくりと力を蓄えさせる。内野の土も、黒土と砂の割合を変えています。太陽の照り返し強い夏場は、黒土を多めに配合してボールを見やすくしている。冬場は霜の影響を受けるため、凍結防止剤をまいて土質の安定化を図っている。1年を通じて綿密な計画のもとにグラウンド整備をしていますが、自然が相手の仕事であるため、相対的にその折り合いは難しい。天気との付き合いは日常的で、試合中に雨が降れば気配りも数倍になるのだそうです。

「恵みの雨もあれば、そうでない雨もあります。大雨が降れば、休日でもグラウンドに出て来て、異常がないかを確認しています。気が休まることはありませんね」と、グラウンドキーパーは話しています。

ＪＡアグリあなんスタジアムでは、年間約４５０試合が行われています。合宿等を含めると、延べ1万数千人が踏みしめていることになります。言い換えれば酷使されているグラウンドといえます。踏みしめられて傷んだ土のグラウンドは表面が荒れるだけでなく、地中で固まりコンクリートのような層ができてしまい、水はけが悪くなる。そのため、年に一度、土をほぐして水はけを良くしてやる必要があるのだそうです。

シーズンオフの1月、土をほぐして一から内野を作り直す大掛かりな作業が行われます。15センチの厚みで敷きなおされた黒土をバイブロレイキと呼ばれる機械でほぐし、プレーや風雨で削られた土を元通りにならしていきます。整形が終わるとローラーで転圧し、散水して固める。こうした作業を1か月繰り返すことで、弾力性のあるグラウンドに仕上がり、水はけがよくイレギュラーの少ない状態が保たれる。1年間のグラウンドコンディションを左右する大事な作業です。

漆塗りにも似た作業は、月も後半になる頃には表面も鏡のような均一さで仕上がっていました。土の上を1歩、2歩と踵から足を踏み下ろすと、作業前とは明らかに違う心地よい柔らかさが感じられました。水はけの良さと弾力を兼ね添えたグラウンドは、こうした入念な“土壌づくりによって保たれているのです。

グラウンドの芝生は、丈夫で成長が速いティフトン芝が採用されています。一般的に

「夏芝」という種類です。夏は鮮やかな緑色を見せるが、冬になると休眠（冬眠）状態になってしまう。地中の根は生きているが、地表に出ている芝生の葉が枯れてしまう。ちぎれた葉が貯まると病気の原因になるため、シーズンオフといえども管理の手が休まることはありません。

スタンドの熱気は最高潮に達していました。いよいよプレイボール。一塁側スタンドからゲームを見守るグラウンドキーパー。観衆が試合の行方に注目するなか、グラウンドキーパーが追うのはひたすら選手の足元。ゲーム中にできるグラウンドの傷跡を一つひとつ厳しくチェックしながら万一のアクシデントに備えるのです。

試合が終わり観客も帰り始めた頃、グラウンドの上ではすでに作業を始めています。削られては埋め、削られては埋め、作業は夜遅くまで続くのです。

「グラウンド状態を一番確実に保つのは使わないことです。でもそういう訳にはいきませんから。明日使ってくれる人のためにできるだけのことをしておきたい。『いつ来てもきれいな球場やな』ってわくわくするような感動が、野球をより面白くさせていると思うんです。それで、地元チームのレベルアップにつながったら一番うれしい」。

グラウンドではなく、あくまで使う人たちのためのグラウンド。根底にあるのは、“美しく、そして快適に”という思いだったのです。

グラウンドキーパーが言う面白さは、逆に仕事の大変さでもあります。雨や風、天候に関係なく毎日手入れをしなければなりません。冬に水をまくときなどは、寒さで体が凍えるときもあります。それでも毎日グラウンドの状態を観察し手入れをする。1年を通して、グランドキーパーの努力の積み重ねがあるからこそ、華やかな舞台が整うのです。

「野球を楽しむ人々にとって、グラウンドキーパーはあくまで脇役ですから」。この思いは、〝裏方〟と呼ばれる人達に共通したことなのかもしれない。審判であれ、スコアラーであれ、皆、選手がプレーするための脇役なのだと。

球春到来、グラウンドキーパーの思いが宿ったこのグラウンドで、思いっきり野球を楽しんでいただきたいと思います。

4　一般家庭でインディゴソックスの選手やモンゴルの少年のホームステイを実施

2007年当時徳島インディゴソックスの阿南担当の営業竹下孝平さんが選手と阿南市民の親密度を深めるために、「一般家庭にインディゴ選手のホームステイを考えてみてはどうでしょうか」と言ってきました。その時すぐにテレビで放送していた「田舎に泊まろう」という番組が思いあたりました。芸能人達が一晩泊めてもらったことから交流が生まれる物語です。日本人らしい一宿一飯から生まれる交流です。

この事業を相談できる人は、ＪＡアグリあなんスタジアムの地元桑野地区でそれまでもインディゴソックスの応援をしていただいている桑野公民館長の鎌田武さんで、７月３日竹下さんといっしょに相談に行きました。そのとき鎌田さんは、何軒くらいの受け入れてくれる家が必要なのか、費用はどうなるのか、実施日はいつになるのか等、もうすっかり実施することが前提になっていて、だいたいの話は1時間くらいででき上がったのでした。やる気満々で早いのです。

この年２００７年8月25日に23人のインディゴ選手を11世帯に、２００８年は27人を12世帯に、２００９年は27人を13世帯にホームステイさせていただきました。なお、２００８年と２００９年は監督・コーチ・トレーナーも一緒にホームステイされました。

食事は家族で食べているいつものもので良いことになっていたのですが、気を遣っていただき焼肉等ご馳走していただいたお宅もありました。近所の少年野球の子ども達を集めて選手とバーベキューをしていただいたお宅もありました。選手は大柄ですから新たに大きめの布団の用意もしていただきました。本当に阿南市には良い方が大勢いらっしゃるのだなと感心しました。

選手は、翌日はホームステイさせていただいたお宅から野球場に入るようにしました。選手はこの地域に愛着を持つようになり、地域の人達は選手をわが子のように応援するようになりました。10年経過した今日でも、阿南のお父さん、お母さんと言われ交流が続いているお宅もあるようです。

2016年には日本モンゴル国交回復45周年記念事業として、阿南市で毎年開催されている「野球のまち阿南少年野球全国大会」にモンゴルの少年野球チームが招待されましたが、その時も一般家庭でホームステイの受け入れをしてくださいました。小学生ですので1泊だったのですが大きな思い出になったことと思います。

5　国際交流協会や市民が中国・台湾チームに通訳のボランティア

台湾や中国のチームが来てくれるようになり、通訳の方が必要になりどうしたものかと心配していたところ、国際交流協会の方や中国や台湾から阿南に来ている人達から通訳の申し出をいただき通訳をしていただくようになり助かっています。

6　市民・マスコミが感動する事業にするには何が必要か

観光宿泊客ゼロの町と言われる阿南市に野球だけで毎年約5000人を超える宿泊客を迎えられるようになりました。日帰り客を合わせると1万人、経済効果1億3000万円に達するまでに成長してきました。新たに県外資本のホテルが3施設、地元資本のホテルが1施設進出してくるなど市の発展のシンボル的事業になってきていると思います。

2011年にスポーツ基本法が改正され、国としてスポーツツーリズムに取り組むこととなった2011年よりも1年早く市の産業部に「野球のまち推進課」という、スポーツによる産業振興を目指す部署を新しく設置し、スポーツツーリズムに挑戦した岩浅さんの先見性は、抜群のPR効果を生むとともに、市民・マスコミに感動を与える事業に発展する素地を作ったのです。

あったのは野球場だけ、その他はすべてこれまで培ってきた長い経験と工夫により新たに創出したものばかりです。ちょっとした工夫でよみがえってくることを実感しました。

1億3000万円の経済効果を創出するために要した市の予算は、人件費約3000万円、事業費約1000万円です。「この数字は何かの間違いでないのですか」とよく言われます。それぐらい効率の良い事業なのです。

どうしてそんなに効率の良い事業ができるのか説明させていただくと、野球大会の場合ですと、参加者から１チーム当たり約３万円の参加料をいただいていますが、この参加料でだいたいの支出は賄えるのです。また、野球観光ツアーに至っては、１人当たりの参加料が１万４０００円なのですが、この参加費で野球の試合に要する費用・交流会（宴会）に要する費用・宿泊に要する費用すべて賄うことができるのです。これ以外に必要な経費としては、歓迎セレモニーに出演していただく阿波踊り教室の講師である阿波踊り連の出演料１連当たり３万円しか費用は発生しません。

合宿については、その費用の全額を合宿に来た選手やチームである企業や大学・高校が負担するのであって市の負担と言えば案内看板と連絡調整時に必要な燃料費（自動車のガソリン代）や通信費くらいです。

7　如何にして市民の協力を引き出すか

この事業を支えているのは、市民の皆さんの協力です。審判・放送・記録員・お接待の婦人部・チアーのＡＢＯ60・国際交流協会の通訳・おもてなしチームの選手・大会運営ボランティア・スタッフを送迎するボランティアの運転手・合宿時等の看板作成ボランティアや書道の先生・89番野球寺でのお接待・選手のホームステイ受け入れ家庭等、こうやって書き出してみるとこれほど多くの方々にご協力をお願いしていたことに改めて感謝申し上げたいと思います。

市民の皆さんに応援していただけるようになって気を付けていることは、「文句を言わないこと」「自主性を尊重すること」です。郷土愛の強い市民の皆さんは、阿南市には大勢います。将来が楽しみです。

困難なこと、人が嫌がることに市が積極的にかかわり、問題を解決に向かわせる。相談があれば断らずにまずやってみる。やってみてできなかったら、お断りする。

マスコミの皆さんにお願いして、この事業に熱心に協力していただいているのですが、あまり目立たない影の存在となっている人を新聞・テレビで紹介していただくことをこころがけています。この事業は、日本中どこも

福島県の菊池清さん「あなん」の文字の入ったロゴマークを考案し提供

やっていない事業なので、マスコミに取り上げていただける機会が多い点を活用することを大切にしたいと考えています。

8 観光施設「89番野球寺の創設」

(1) 四国88箇所詣りから発想

89番野球寺（はちじゅうきゅうばん　やきゅうじ）　おもしろい発想だなと思いませんか？　よく思いついたなと感心します。

弘法大師の開いた四国霊場詣りは、88箇所です。次にもう一つ新しいお寺を造るとしたら89番目のお寺となります。89は語呂で言うと「やきゅう」と読めると思います。そういうことから、野球で阿南に来てくれたお客さんにお参りしてもらう観光施設「89番野球寺」を道の駅（公方の郷なかがわ）の敷地内に新たに建設したのです。

「89番野球寺」を発想したのは、スポーツジャーナリストとして有名な二宮清純さんです。2015年5月28日に開催された野球のまち推進協議会の野球のまち推進課創設5周年記念総会の記念講演において、「89番野球寺」を建てることができるのは、日本全国でも「野球のまち」の阿南市しか考えられないので、阿南市に実現に向けて取り組んでいただきたいと講演の中で力説されたのでした。

受講していた方の反応は、「さすがは全国的にも有名な二宮さんの考えることは違う。ぜひ、取り組んでいただきたい」という声で一杯でした。

野球でお客さんが来てくれるようになってきましたが、野球のお客さんは当然試合をしたり練習をするのですが、試合と試合の間に時間ができたり、組み合せによっては朝早く試合をして、翌日まで時間が空いてしまうケースも出てきます。そんな時に阿南市には県外から来ていただいた人達に立ち寄ってもらう場所が少ないのです。そんな時に「89番野球寺」（はちじゅうきゅうばんやきゅうじ）は最適だと思いました。

お客さんを集めるには、物語（ストーリー）が必要になってくるなと思い、何か題材がないものかと考えたところ、「阿南で合宿すると非常に縁起が良い。野球寺で必勝を祈願すると優勝した」というのが一番だと、ピーンときました。

89番野球寺建設の提案のあったのは２０１５年5月です。福井県の敦賀気比高校が阿南で合宿して、優勝したのは同じ年２０１５年の4月1日だったのです。さらに物語は続きます。同じ年に合宿した流通経済大学は、6月14日に全日本大学野球選手権大会で準優勝。大阪市立大学は、阿南で8年も続けて合宿に来ていたのに今まで優勝はおろか1部と２部を行ったり来たりしていたのに野球寺が完成した途端、23年ぶりにリーグ優勝を達成。中国プロ野球の天津ライオンズは、中国プロリーグで優勝。独立リーグ四国アイランドリーグプラスの徳島インディゴソックスは、野球寺ができてからはめっぽう強く3年のうち2回独立リーグ日本一に輝いているのです。まさに神がかり的だと思いませんか。とにかく縁起が良いという物語を語ることができることになったのでした。

(2) どんなお寺を造るのか

正直どんなお寺を造ったら良いのか悩みました。

本当のお寺を造ることはできるはずがないし、してはならないことくらいはすぐに分かることですが、「洒落から始まったことだから、洒落っ気で作れば良い」と思うのですが、まったく頭に浮かんで来ない日々が続きました。

建設場所をどこにするか。野球のために来た人に立ち寄っていただくには、JAアグリあなんスタジアムの近くか、徳島方面から来る人を迎えることができる那賀川町にするか、二つの案が出てきました。両案ともに完成した後に集客に繋がる適地であるが、野球場の近くにはそれだけの土地を確保することができなかったことと、那賀川町にある道の駅には、市が所有する土地があり、野球寺完成時の位置としても適切であったので、道の駅「公方の郷なかがわ」の一角に建設することになりました。

89番野球寺は、記念碑（モニュメント）にすることにしました。日本野球発祥の地であるとか、甲子園出場の碑であるという記念碑が各地にあると思いますが、野球寺は、記念碑と同じようなものを製作することにしました。

89番野球寺

モニュメントの製作は、彫刻を手掛ける市内の学習塾経営、福島隆資さんにお願いすることにしました。高さ2・5ｍと1・6ｍの二つの石像で、野球のボールや、応援する人の情熱、市の発展を表現。「必勝」と記したホームベース型の石碑も設けることにしました。「野球の神が宿っていると思ってもらえるような意気込みで作りたい」との抱負を新聞社の取材に対して福島さんは答えていました。

背景には、幅約7・3ｍ、高さ2・2ｍのアルミ製の看板を設け、球場のスタンドで応援する観客らが描かれています。絵を担当していただいたのは、市内の絵本作家の羽尻利角さんで、「地元のために作品を残せるのはうれしい。明るい雰囲気にしたい」と意気込んで製作にあたっていただきました。

モニュメントと併せて市出身の9名のプロ野球選手や阿南市と交流のある著名な元プロ野球選手の手形も展示することにしました。

60歳以上のチアーグループ野球のまち私設応援団「ＡＢＯ60」をイメージした89番野球寺のテーマソング「ミラクルＡＢＯ（あぼ）ちゃん」を、ＡＢＯのメンバーが作詞を手掛け、「あきらめちゃダメ」といった激励や、「阿南においでよ89寺（やきゅうじ）まで」「世界に輝くＬＥＤ」などの市を紹介する言葉を盛り込んでいます。サビでは「かっ飛ばしてゆこうぜ」との歌詞が繰り返されるようになっています。

阿南市橘町出身のミュージシャンで東京在住の岡部浩明さんがプロデュースし、作曲家の清水義直さん（埼玉県出身）にアップテンポの曲に仕上げていただきました。あぼちゃんとは、ＡＢＯはローマ字で読むと「あぼ」と読めるところから、ＡＢＯ60のマスコット的存在として「ＡＢＯちゃん」と命名したのです。この「ミラクルＡＢＯちゃん」の曲ができたことによって、野球寺をＰＲすることと併せてＡＢＯ60の曲として、踊っています。

(3)　資金をどうやって集めるか

89番野球寺の建設に要する費用約470万は、全額寄付金で賄わなければならない。日本国憲法第20条に「信教の自由」という規定があり、「国及びその機関は、宗教教育その他いかなる宗教的活動もしてはならない」となっています。89番野球寺は、観光施設であり、洒落から発想したモニュメントであるので、宗教とは関係がないのですが、誤解を招いてはいけないので、全額を野球のまち推進協議会会員を中心に資金の提供をお願いする他、全国の野球関係者、特に阿南市と関係のある人達に協力を呼びかけることにしたのです。

二宮さんに89番野球寺建設の提案をいただいた翌年の2016年5月の野球のまち推進協議会総会において、建設について了解をいただき、資金集めに着手しましたが、なかなか思うようにはいきませんでした。そこで、この事業に以前からご理解をいただいている方を訪問させていただきました。また、阿南に大会で来られたことのある方や観光ツアーで県外から来てくれた方に連絡させていただいたところ、関心が関心を呼び、全国のマスコミに取り上げられることになり、「住職には誰がなるのですか？お賽銭箱はあるのですか？」など、当初のねらいどおり大きな話題になるとともに、資金も集まるようになってきました。

特に道の駅で産直市の販売所を運営する東とくしま農業協同組合さんには、大変お世話になりました。89番野球寺の集客に期待を寄せていただき、組合員さんにも広く協力を呼び掛けていただきありがとうございました。

モニュメントの背景に描く、ＪＡアグリあなんスタジアムのスタンドの観客席の絵について アイデアを考えました。ある野球ファンからの要望で「一生の思い出にしたいので、スタンド中に自分の姿を入れて欲しい」を受けて、５万円以上の高額の協力者は、スタンドで観戦している所を書き入れてもらえるようにしたところ、良い記念になったと大変喜んでいただきました。絵を描いていただいた方は今でも時々89番野球寺にお参りに来てくれているそうです。

２０１７年3月19日何とか落成式を迎えることができました。地元の少年野球チーム、那賀川女性協議会、工事関係者等約３００人が出席し完成を祝いました。89番野球寺のテーマ曲「ミラクルＡＢＯ（あぼ）ちゃん」に合わせ、ＡＢＯ60のダンスで開幕、地元の少年野球平島ドリームスの選手９人が除幕しました。

（4）　89番野球寺の活かし方

四国には「お接待」という文化が根付いています。お接待とはお遍路さんにお菓子や飲み物などを無償で施すことを言います。四国に住む人はお遍路が過酷な旅であることを知っています。そのため、お遍路さんを応援する気持ちを込めてお接待をします。１２0年続く弘法大師が拓いたとされる四国遍路の文化を89番野球寺に取り入れ、阿南に野球でお越しになる人に湯茶のお接待をさせていただく計画を立て、那賀川町女性協議会の川田八重子会長さんはじめ役員さんに相談をさせていただいたところ、地域を上げてご協力をいただけることになり、お接待マニュアルまで作っていただきました。

大会・合宿・観光ツアーがあるときは、野球寺でのお接待をしていることを各チームに事前に連絡をすることにしていますので、多くのチームが立ち寄って必勝を89番野球寺に祈願してくれるようになりました。

また、89番野球寺に立ち寄っていただいた人達は、同じ敷地内にあるお土産売り場・喫茶店・産直市にも人が訪れ賑わいが生まれるようになりました。

9　地元の高校（富岡西高校）の選抜21世紀枠からの出場

（1）「野球のまち」から甲子園へ　それは大きな目標であった

阿南市には、少年野球チームが16チーム、中学野球チーム８チームが活動し、毎年のように優秀な成績を残しています。その理由は、優秀な指導者の存在と野球に熱い地域性にあると思います。特に中学野球においては全国大会・四国大会において上位の成績を残すとともに、将来を嘱望される選手を多数輩出しています。

阿南市内の高校が甲子園に出場したのは、市内の新野高校が１９９６年に夏の大会に出場してから遠ざかっていました。「野球のまち」を掲げ少年野球・中学野球において毎年のように上位の成績を上げている阿南でありながら、野球の中でも人気度抜群の高校野球において、久しく甲子園に出場していないことは、大きなマイナスになっていました。

（2）北信越地区選抜出場校の阿南合宿がレベルアップに！

２０１１年3月の佐渡高校の合宿から始まった北信越地区の選抜出場校の合宿は、練習試合の相手を務めることによって、地元高校のレベルアップや自信に繋がることになりました。富岡西高校の浮橋幸太投手は、「敦賀気比高校と対戦し全国のレベルを知ることができ参考になった」と話しています。

甲子園に出場するチームの大会直前の練習試合は実戦を想定した調整試合の位置づけとなるため、内容の濃い練習試合になっているのです。

(3) 屋内多目的施設の整備により雨天時の練習が可能に！

屋内多目的施設（あななんアリーナ）が完成したことにより、雨天時でも野球の練習ができるようになり、高校野球チームのレベルアップにも一役買うことができました。

しかし、屋内競技のスポーツは天候に関係なく屋内施設を使用することができますが、野球の場合は雨天になってから初めて屋内施設の利用を考えることになりますが、その時には、屋内施設は屋内競技の団体が使用している状況になってしまいます。そこで、高校野球のレベルアップのために6月1日から夏季大会で敗退するまでの期間について、高校野球を優先的に使用できるようにする「高校野球甲子園出場促進事業」を立ち上げ、屋内練習場で練習がやりやすくなるようにしました。

硬式野球部のある市内の3高校にあらかじめ屋内練習場が必要になると思われる日の利

用の申し込み書類を提出していただいておきますが、天候が良く屋内練習場を利用する必要がなくなった場合は、早めに利用の申請を取り消してもらい、野球以外の利用者に使用してもらえるようにさせていただきました。「野球だけ特別扱いにする」との批判がありましたが、阿南市は、地域で盛んな野球を活かして、地域の振興をはかることを目指すことを市の方針にしていることから、ご理解をいただきたいと思っていましたら、富岡西高校が甲子園出場することになり市民の皆さんに喜んでいただき、ご理解をいただけたものと思っています。

(4) 3回目の21世紀枠候補、「野球のまち」が決め手に！

富岡西高校野球部の甲子園への道は、いいところまでは行くのだがあと少しのところで逃がしてしまうのです。２０００年と２００７年に21世紀枠の四国地区推薦校となりましたが、選抜には選ばれませんでした。そんな経験から、選抜出場を危ぶむ声が多く聞かれました。この年２０１９年第91回選抜大会の時は、秋季県大会第3位、秋季四国大会ベスト４（準決勝敗退）、他の地区に有力校があり、選ばれるかどうか微妙な状況にありました。

富岡西高校野球部甲子園出場決定、監督を胴上げ
2019年1月

全国各地の地区大会が終わり各地区の成績が判明しだしてくると、マスコミを中心に出場チームの予想であるとか、有力選手の動向が新聞・雑誌・テレビ等で大きく取り上げられるようになります。当然21世紀枠についても大きな関心事になってきます。

四国から選抜に選ばれるのは、例年2校か3校ですので、富岡西高校の場合一般枠から選ばれる可能性もあったと思いますが、「野球のまち」の扱いによって21世紀枠に回るのかという論調が出てきました。富岡西高校は２０００年と２００７年に四国の21世紀推薦校に選ばれていますがその時には「野球のまち」の事業に着手する以前のことでしたので、今回と比較すると状況が大きく異なることになります。

「野球のまち」のことがクローズアップされる中で、徳島県高校野球連盟の須崎一幸理事長から依頼があり、全国高校野球連盟に対し、四国の21世紀枠推薦校である富岡西高校の21世紀枠推薦理由をまとめる上で、阿南市が取り組んできた「野球のまち」の事業について、その状況を盛り込んでいただけることになりました。特に徳島県高校野球連盟と阿南市が北信越地区の選抜出場校の直前合宿の実施にあたって、地域住民によるお接待や道具の運搬等の協力の状況や市役所の中に「野球のまち推進課」という、野球に特化した課を設置し、市を挙げて取り組む状況について説明させていただきました。

(5)「野球のまち」に取材過熱

富岡西が選抜に初出場するのをきっかけに「野球のまち推進課」に記者の方が集まるようになってきました。

「野球のまち」は阿南にだけしか存在しないということに報道関係者が飛びつくのに時間はかかりませんでした。出場の可能性が高まった2018年末から報道関係者の取材が入るようになり、最終的に私の記録によると18社23名の記者に説明をさせていただきました。

大阪から来られる記者が多くて、昼頃阿南に到着、13時から15時まで市役所で取材し、

15時過ぎから富岡西高校の練習が始まるので、そちらに移動するというパターンが多かったと思います。今まで高校野球の甲子園出場チームの取材を担当している記者から、「こんなに市役所に取材に来たことがない。初めての経験です」と言われたことが印象に残っています。

主催社である毎日新聞社・朝日新聞社と地元紙である徳島新聞社には、毎日取材に来ていただきました。毎日高校野球の記事を掲載しなければいけないことになっているそうで、富岡西高校野球部・阿南市に関する話題や人を紹介し、資料を提供することにより協力させていただきました。文字通り取材ラッシュといった状況で、常に次の記者が順番を待っている状態なのです。大変忙しかったですが、こんなに喜ばしいことは二度と味わうことができない、幸運の真っ只中にいると思って楽しもうと思って対応させていただきました。良い思い出にしようと思い、書いていただいた記事はスクラップして今も大切に保管しています。

一般紙やスポーツ紙が決定を報じた1月26日付朝刊では「野球のまちに春が来た」「野球のまち歓喜」などの見出しが躍りました。テレビやインターネットも〈全国自治体専門部局の設置〉〈合宿に訪れた県外の高校野球部との練習試合〉〈屋内練習場の無料開放〉等が甲子園出場を後押ししたと伝えたのです。

26日以降も各社から取材申し込みがあり、小川監督は「『野球のまち』の存在は心強い。連日の取材で市の取り組みについてよく質問される」と答えています。

(6) 春の便りに町中が盛り上がる

選抜大会出場校を決める選考会が開かれた2019年1月25日、待ち焦がれた「春の便り」が届きました。富岡西高校の第91回　選抜高校野球大会出場が決まり、創部120年目での悲願達成に喜びを爆発させました。戦力以外も加味される21世紀枠での出場がきまり野球を通じた町づくりを進めている阿南市では、野球部OBだけでなく、卒業生や地域の人々が待ちわびた便りに沸き返りました。

阿南市からの甲子園出場は、1996年夏の新野高校以来で実に23年ぶり、「野球のまち」を掲げてからは初の快挙を達成することができました。市役所では、甲子園出場が発表された15時過ぎに市役所駐車場に「祝　富岡西高校甲子園出場」と書かれた懸垂幕（縦約7m、横約1m）を掲げました。来庁者には庁内放送で「吉報」を伝達しました。市野球のまち推進課は26日から、キラキラ阿南（阿南駅前待合室兼展示場）で、富岡西高校甲子園出場記念特別展を開催し、阿南駅改札や阿南商工会議所会館の電光掲示板でも、祝福メッセージが流されました。富岡町の居酒屋では、卒業生らがビールなどで乾杯する姿も見られました。後輩の快挙を祝福したり、昔話に花を咲かせたりして盛り上がり、最後は校歌を合唱していました。

富岡町商店街協同組合が商店街に応援の幟を立ててくれました。幟（縦1・8m、横60cm）にはチームカラーのえんじで「富岡西高校野球部 祝 甲子園出場」と記されています。組合が市内の広告社に依頼して80本作り、組合事務局員が和菓子店や美容室などを回って従業員らと店の前に立てたのでした。

(7)　アルプススタンドは同窓会

26日の試合に登場した富岡西高校のアルプススタンドは立錐の余地もないほど人で埋め尽くされました。幼児から老人まで、あまり野球を知らないであろうと思われる人が甲子園に集まったのです。

選手達は、県南部の中学校出身者ばかりなのです。県外から有望な選手を集めた強豪私立高校と違い近所の子ども達ばかりなのです。スタンドでは、あちこちで「久しぶりやな、何年ぶりかいな?」」。高校卒業以来会っていない人もいたのではないでしょうか。しばらく帰省していない人もいたと思います。

9回の攻撃の前に、アルプススタンド後方から「最後です。皆さん立って応援しませんか」の声に次々と立ち上がり、いつのまにか総立ちになりました。

試合終了後、選手達がアルプススタンド前にやってきました。この日一番の拍手と歓声が沸き、どこからともなく「ありがとう」の声が聞こえてきました。観客の表情には満足感が漂っていました。「いい試合を見せてもらった」とか「また、夏連れて来てよ!」そんな言葉があちこちから聞こえてきました。

富岡西高校応援団が応援団最優秀賞を受賞しました。4月3日の閉会式に参加させていただき、生徒会副会長でチアーリーダーでもある3年生樫本莉加さんが代表して、記念の盾を受け取りました。

受賞の理由については、「スクールカラーのエンジ色のウエアと帽子で統一された応援団がアルプススタンドをぎっしりと埋め、阿波踊りを取り入れたご当地色のあるユニークな応援や一投一打への大歓声等が活気と勢いに満ちていた。また、スムーズな入場や待機時の整然とした様子等、マナーの良さが評価された」とされています。

(8) 優勝チームに善戦

富岡西高校は26日の第3試合で、選抜大会で全国最多タイの優勝4度を誇る伝統校・東邦高校（愛知）と対戦し、1対3と惜敗したものの、選手が主体的に動くことを目指す「ノーサイン野球」を実践しました。

「甲子園でもノーサインで行く。メガホンはもう使わない」。小川監督はそう言って選手を送り出しました。試合中は、すべて選手がプレーしながら考え、判断する。6回、死球で出塁した一塁走者吉田啓剛君と打者安藤稜平君が3球目にヒットエンドランを敢行しました。打球は一・二塁間を抜けて、同点に追いつくキッカケとなりました。吉田君は「二人の頭の中には走って打者が対応するというイメージがあった。自分達の野球が甲子園でできた」安藤君は「事前の打合せはなかったが、吉田が走る可能性があるなど頭の中にあった。走ったのが見えたので、右方向に打った。とっさの判断だがうまくはまってうれしかった」と新聞社の取材に対し答えています。

実戦形式の練習を繰り返し、実際にプレー、次にするプレーについて、選手全員で何度も話し合い、考えを共有できるまで積み上げてきたのだそうです。

東邦高校は勝ち続けて、この大会において優勝することになります。そんな強豪校との対戦で1対3という接戦を演じ、試合終了まで東邦高校を一番苦しめたのは富岡西高校だと思いました。富岡西高校の大健闘する姿から勝敗以上の大切なものを教えていただいたように思います。

10 まちかどミュージアム（野球グッズ展示）

(1) イチロー選手のユニフォーム寄贈から取材合戦

メジャーリーグ・マリナーズ等で活躍のイチロー選手がＭＶＰを受賞した２００７年のオールスターゲームの時に作製された直筆サイン入りのユニフォームのレプリカが届きました。

イチロー選手のユニフォームのレプリカの他、サイン入りのボールとグラウンドで歓声に応える写真等を合わせていただきました。イチロー選手と親交のあるイベント企画会社アスリートジャパンの高津義信社長から、「野球のまち」の事業に役立てて欲しいという激励の意味でいただきました。

(2) 阿南に来てくれた証にユニフォームを寄贈

まちかどミュージアム（野球グッズ展）に野球観光ツアーや野球大会に来てくれた選手のユニフォームや写真を展示会で展示していることが広まってきたためなのか、阿南に来た選手から、「野球のまち」に来た証にユニフォームを市に贈りたいと申し出てくれる人が増えてきました。

宇部カッタ君（山口）選手全員がサインした三戸武監督のユニフォームを寄贈してくださったのが始まりで、その後、野球観光ツアーで阿南に来たチームの監督から記念にユニフォームを寄贈していただく方が増えています。

(3) 元南海ホークス杉浦忠さんの記念品を展示

プロ野球元南海ホークスのエースとして黄金時代を支えた故杉浦忠さんの奥様の志摩子さんと次女の慶子さんから、杉浦さんのゆかりの品１５０点が寄贈されました。

元読売ジャイアンツの長嶋茂雄さんと写った選手時代の写真パネルや千奪三振の記念プレート。活躍していた当時のベースボールマガジン等、堺市にある杉浦さんの実家に保管されていたものを大阪堺市の実家をお訪ねして寄贈していただいたのです。

慶子さんが、野球のまちづくりの取り組みをテレビ番組で知り、「今のまま自宅の保管庫の中でじっとしているよりも、野球のまちで展示してくれる方が良い」と考え寄贈を申し出てくれたのです。

(4) 元阪神タイガース岡田彰布さんのユニフォームの展示

２０１7年3月21日、元阪神タイガースの岡田彰布さんが、自身のサイン入りのユニフォームなどを寄贈されました。阪神ファンの門田隆さんが知人を通じて依頼して下さり実現したのです。

ユニフォームは阪神がこの年に使用したデザインのもので、背番号は岡田さんが選手時代に付けていた「16」となっています。

(5) 元ヤクルトスワローズの館山昌平さんのユニフォームの展示

２０１２年１２月阿南市東京事務所で、元ヤクルトスワローズの館山昌平選手がユニフォームを寄贈されました。館山さんは、神奈川県出身となっていますが、実は阿南市の病院で出生されたそうです。「野球のまち」の取り組みを知るなかで自分が生まれた阿南市にとても愛着を感じるようになり、今回のユニフォーム寄贈を申し出てくれたのです。これからも何らかの形で、「野球のまち」を応援していきたいと力強いメッセージをいただきました。

(6)　さようなら新野高校野球部展

１９９２年春と１９９６年夏の２度甲子園に出場した徳島県立新野高校が２０１９年３月で閉校することに伴い野球部も廃部となることから、２０１８年９月15日から阿南駅待合室兼野球のまち展示場「キラキラあなん」で「さようなら新野高校野球部展」を開催しました。

甲子園出場時の写真や新聞記事などを通し、強打の「タケノコ打線」を誇った新野高校野球部を紹介しました。

１９９２年春と１９９６年夏の甲子園で入場行進する選手の大型写真（縦約１m、横約１・５m）の他、大会時に着用したユニフォームや応援グッズ、熱戦を伝える新聞記事等約50点を展示しました。

部長として甲子園の土を２度踏んだ土肥謙一さんや春の甲子園出場に導いた監督の中山

寿人さんが所有する新聞記事のスクラップやアルバムも展示しました。

(7) 富岡西高校甲子園展

２０１９年第91回選抜高校野球大会に富岡西高校が初出場するのを記念して、阿南駅待合室兼野球のまち展示場キラキラあなんで「富岡西高校甲子園展」を開催しました。

富岡西高校野球部のＯＢの皆さんに想い出の品を提供していただき、野球部の足跡を紹介する約90点が寄せられました。甲子園出場への要因となった四国大会準決勝の松山聖陵高校戦や甲子園出場が決まった1月25日に監督を胴上げして選手が喜ぶ様子を紹介した写真、東京六大学野球連盟に所属する慶応義塾大学や立教大学でプレーしたＯＢのスパイクや帽子もありました。

富岡西高校甲子園展は1月26日から甲子園での試合が終わってもしばらくの間、展示させていただきました。

11　お土産品の開発

(1)　お土産に野球まんじゅう「球」を開発商品化

２０１１年、市と阿南商工会議所の呼びかけに対して阿南の４菓子店が協力し、共通のパッケージで、野球ボールをイメージした野球まんじゅう「球」を考案し、地元の人や観光客に「野球のまち」を、食べて実感してもらおうと販売することになりました。

市内の菓子店に話を持ちかけ、県南菓子工業組合に所属する「もみじや」「森行朝日堂」「つるや本舗」「鶴屋菓子舗」の４店舗が取り組んでくださいました。

「球」は、白あんや黄身、生クリーム、バター、練乳を加えた生地にアンズを詰めて焼いたまんじゅう。外側はほろほろっと崩れる食感で中に入ったアンズの酸味が爽やかさを感じさせるようになっています。

野球まんじゅう「球」

(2) 竹人形で野球のまちをPR

２０１３年地元の竹を使用し、野球選手の動きを表現したお土産品を阿南商工会議所の上杉豊久専務と発想し、阿南活竹人形職人会の久積國人さん、早見正利さんが、体や腕の角度、ヘルメット、キャッチャーミットなど細部までこだわって製作してくれました。

人形は高さ７㎝前後でピッチャーとバッター、キャッチャーの３体セット。阿南産の五三竹を使用していて、幅28・５㎝、高さ16・５㎝、奥行き10㎝のケースに入っています。背景には、スコアボードに自由に名前を表示するなどした写真を入れることができるようになっています。

お土産として、販売する他、野球大会の記念賞品として贈呈しています。

野球活竹人形

第11章 全国のメディアが認めた「野球のまち阿南」

1 Forbes Japan ローカルヒーロー賞受賞

雑誌「Forbes Japan」は1917年に創刊した米「Forbes」誌の日本版で、2014年6月に創刊し、日本人のための日本語で読むグローバルなビジネスマガジンとして、月刊で発行しているForbes Japan編集部がスポーツビジネスを専門とする「スポーツビジネス・アワード」を初めて開催し、アドバイザーとの協議の結果、阿南市の「野球のまち推進事業」が「地域貢献カテゴリー」で表彰されることになりました。

日本でも様々な産業とスポーツが融合した新しい「スポーツビジネス」への注目が高まっています。アスリートの能力やスポーツの楽しさと、異なる分野とをかけあわせることで、新たな社会づくりや市場創出という「未来」を築く、スポーツビジネスの取り組みにスポットをあてアワードとして紹介するという企画なのです。

選考の方法は、スポーツビジネスを専門とされるアドバイザー10人（ミクシースポーツ事務局事業部長石井宏司様、AGI Sports Creative代表取締役上野直彦様、パーソナルキャリア執行役員大浦征也様、慶應義塾大学システムデザイン・マネジメント研究科教授神武直彦様、サンディエゴ・パドレス環太平洋顧問齋藤隆様、ＯＮＥチャンピオンシップ・ジャパン社長秦アンディ英之様、早稲田大学スポーツ科学学術院教授原田宗彦様、大阪経済大学人間科学部教授半田裕様、Scrum Ventures創業者兼ジェネラルパートナー宮田拓弥様、日本プロサッカーリーグ（Ｊリーグ）理事米田恵美様）の協力のもと、１００以上の受賞候補から選考。「テクノロジー」「イノベーション」「アスリートのキャリア」「世界に誇る日本の地から」「地域貢献」の分野から表彰するというものなのです。

Forbes Japan
ローカルヒーロー賞

阿南市は、地域貢献の分野で「ローカルヒーロー賞」に選ばれました。評としては、市職員が発起人となり、市長と市民の協力を取り付けて、全国の草野球チームの観光ツアーを誘致し、地域経済の活性化や健康的な町づくりに貢献した点と、ポイントとして、野球好きなコミュニティーだけでなく、地元の婦人会、お遍路の習慣まで地域のリソースをフル活用したこと。ビジネスマインドをもった着眼点と創意工夫が光り、10年以上も続く持続性も評価していただきました。

受賞式は、２０１９年10月31日に東京有楽町のミッドタウン日比谷6階「ＢＡＳＥＱ」で行われ、私が参加させていただきました。アワードの内容は「Forbes Japan」２０１９年12月号に詳しく掲載されています。

2　コレゾ（ＣＯＲＥＺＯ）賞受賞

２０１９年12月7日『コレゾ賞』を受賞しました。

後述させていただきます雑誌５Ｌの編集長である木村政雄さんの事務所の池田大作さんが一般財団法人コレゾ財団の平野龍平代表理事を紹介してくださり、コレゾ賞のことを知ることになりました。現代では、インターネットの急速な普及と進化で誰でもどこでも簡単に情報を送受信できるようになり、便利な反面犯罪に利用されることも多く、社会問題にもなっていると思います。ネット上には、情報があふれて、本当に必要な情報や正しい情報を選別して、入手するのに手間が掛かるばかりか、マスメディアやネットの情報に汚染されて、自分自身の価値や基準を持たない人も増えているそうです。

そのような社会であるならば、志や意識を同じくする仲間が集まって自分たちが納得できる「正しい情報」を共有して、新しいもう一つの基準や価値観を勝手に創ってしまおうというのが、コレゾ（COREZO）賞の発想であって、コレゾ、ホンモノという「人」を勝手に選んで受賞していただくという実にユニークな賞なのです。

コレゾ（COREZO）賞は、一言で言うと、自ら楽しんで、周りも笑顔になる「ええコト」している「ええヒト」達を表彰する、権威なし、名誉なし、賞金なしの三拍子揃った三なし賞なのです。さらに、否定や批判なし、順位や格付けもなし、その上、受賞者と推薦者、選考者、賛同者、共同者、すべての皆さんの意志が通じ合えば言うことなしのコレゾ六なし賞になるのだそうです。

ほとんどの人が反対だった「野球のまち阿南」推進事業。誰もやっていないことに取り組むことの困難さを痛切に感じた13年間でしたが、コレゾ賞の選考に際し、格別の評価をいただき光栄であり厚く感謝申し上げます。

3　NHKの番組「サンデースポーツ」で放送

2019年11月24日(日) 何とNHKの「サンデースポーツ」に「草野球でまちおこし」のタイトルで放送されることになり、大学時代に東京大学のエースとして、右サイドスローからのシュートボールを武器に50試合に登板し、8勝27敗、防御率3・52と活躍し日米野球にも出場した経験を持つ大越健介キャスターが来て下さることになったのです。

野球大好き人間がはまってしまう野球観光ツアー交流試合、半田ゴールド（愛知）対阿南つどいクラブ（阿南）の対戦で行われました。半田チームは阿南到着時に89番野球寺で必勝祈願してから野球場入り、意気込みがすごいです。

大越キャスターは、野球寺で半田チームを出迎えてから合流し、半田チームのマイクロバスに同乗して野球場に向かわれたので「野球のまち」に対する半田の選手たちの思いを取材されているのだと思いました。

阿南つどいクラブの2番手投手として大越キャスターが登場、ゲームはシーソーゲームの末半田ゴールドが勝利しましたが、皆さんテレビカメラが回っていることもあり、ハッスルプレーの続出でした。半田チームには社会人野球の経験者もいる強豪チーム、阿南チームは元中学校や小学校の校長先生で構成する話題のチームで、今回が3回目の対戦で半田の2勝1敗だそうです。また、来年以降もこの対戦は続くことでしょう。

ゲームの後は観光ツアーのお楽しみ歓迎交流会には、阿波踊りの地元の有名連「達粋連」が登場し野球談議も弾んで、ゲームセットは夜遅くになってしまいました。

翌日、JAアグリあなんスタジアムで、大越キャスターから「野球のまち」の取り組みについてインタビューを受けさせていただき感激しました。

このようにNHKの全国放送で紹介していただける機会はめったにないことですのでありがたいことと思います。今回の企画をしていただいたNHK徳島放送局の佐川豪さん、増村聡太さんありがとうございました。

4　ベースボールマガジン社刊「野球場物語」に掲載

2011年12月にベースボールマガジン社の柳本元晴さんが、全国の野球場を紹介する本を編集するためにJAアグリあなんスタジアムの取材にお越しになりました。

2011年といえば、野球のまち推進課が創設された翌年、まだ野球によるまちづくりが始まったばかりのときに取材に来ていただき、「阿南市の新球場を基にした新たな取り組み。今後の球場運営の一つになるかもしれない」との書き出しで、記事にしてくださいました。

一般市民に聞くと「野球場は、一握りの野球選手のためにだだっ広いウラウンドを与えているが、使用しているのはほんのわずかな日でしかない。ムダが多すぎる」。こんな声に対し、「阿南市の野球場は、少年から古希野球までの幅広い市民に使用してもらうとともに、県外から選手を観光客として迎える新たな発想を打ち出し、地域振興策としての野球大会や合宿誘致活動を実践する事業を始めたことは画期的なことで野球場という施設が十分に活用されている」と評価していただいたことをよく覚えていますし、方向付けができたと思っています。

5「5L(ファイブエル)」に掲載

フリーペーパー「5L(ファイブエル)」は、木村政雄さん(吉本興業元常務取締役)が編集長を務める50代以上の世代に向け、隔月の1日(偶数月)に全12万部を発行しているプレミアムマガジンです。「5」の5つのLはLIBERAL、LAUGH、LOVE、LINK、LIVE「寛大な気持ちで、恋したり、人と繋がって、おもしろおかしく人生を過ごそう」。

その5Lの2013年9月号に掲載されました。「野球のまち」の事業状況についての説明やにっぽん日和のコーナーで、8月7日という真夏の炎天下のなか、試合をする還暦野球選手（阿南つどいクラブ対古希オール徳島）の試合風景や大阪市立大学硬式野球部の合宿の状況や阿南市長と木村編集長の対談が掲載されています。

6　全国各地から視察に阿南へ

2010年4月に　野球のまち推進課が誕生し、全国に紹介されたころから、先進地視察や大学の卒業論文作成のためなどのために、来られる団体や個人の方が多くなりました。2020年3月末までの統計によりますと総数106件、その内市議会議員の先進地視察が43団体、市町村職員等の行政関係団体が15団体、体育協会等の民間団体が25団体、大学生など学生が23の個人や団体がいらっしゃっています。

今日まで阿南市として、これだけ多くの方に来ていただくことがなかったので、阿南市の基本的なPRをするよう心掛けたことと、視察といえども毎年10団体100人くらいの規模になりますので、お越しになる際は宿泊してくださるようにお願いしてきました。

「どうしたら宿泊していただけるようにするかを視察にきていただいているのですから、実際に宿泊していただかなければわからないと思いますので、ぜひともお願いします」と申し上げると、だいたいの団体が「そらそうじゃ、宿泊は阿南にしましょう」とおっしゃっていただきました。

7　阿南市を目標にする自治体と団体
長野県上田市（全日本生涯野球連盟）　奈良県宇陀市　東京都八丈島八丈町

長野県上田市を中心に行われている全日本生涯野球大会をモデルにして始まったのが、「野球のまち阿南」の取り組みでしたが、近年はテレビや雑誌で紹介される阿南市の取り組みの影響もあり、上山田温泉組合が先進地視察に阿南にお越しになっています。全日本早起き野球協会の役員の交流を通じて、長野県上田市を中心に開催している全日本生涯野球大会に「野球のまち」のノウハウを取り入れたい等の意見が出ている状況になっています。

奈良県宇陀市では、「還暦野球のまち」を掲げ、「一般社団法人日本生涯還暦野球協会」を立ち上げ、その事務局を市の農林商工労働部商工観光課に置き、毎年11月に阪神甲子園球場を使用して、「おじいちゃんの甲子園」大会を開催しています。

さらに野球の中でも還暦野球に特化して、まちづくりを進めています。毎年4月に人事異動により新しく野球を担当する職員が阿南を訪れ、意見交換などを行う職員研修を通じて「野球のまち」の取り組みについて勉強していただいています。

東京都八丈島八丈島町は、前述したように町長自ら職員を伴って、阿南に来られ大会運営や合宿誘致のノウハウを吸収して帰られ、すでに八丈島に合致した町づくりに取り組み成功されています。

第12章 目指すは「野球のまち・草野球の聖地」

1　市の顔的事業として、他の事業との差別化が必要

市の顔となる事業が何かないものかと予てから探し求めていた岩浅さんが、初めのころは正直に言って、「このように全国から注目される事業になるとは思っていなかった」と述べているように「野球のまち阿南推進事業」が、事業開始当初から順調に展開していった訳ではないのですが、予算はほとんど満額付けていただきました。まだその上に、「もっと話題性のある事業はないのか？」「そんなのでは、ダメだ、もっと研究してみてくれ」とよく言われました。

「野球のまち推進課」が誕生したときと、「ＡＢＯ60」が結成されテレビで連日のように放送されたとき、「野球のまち阿南」が阿南市の「顔」として、日本中が認めるように

なったと思います。野球大会などで県外に出かけたときに「どこから来たのですか」と、よく聞かれました。そんなとき、「阿南市です」と答えると、「ちょっとわからないです」とたいていがそう言われます。そんなとき、「あの野球のまちで、年配のおばちゃんのチアーがいるとこです」というと、だいたいの人が、「ああ、最近見るなあ。あそこですか」と言ってくれます。それほどマスコミの宣伝効果は大きく、日本中に広がっていると思います。

「市役所の事業とは思えない」という声を耳にしたことがよくあります。市の顔になる事業を構築するのに、今までと同じようなことをしていてはダメだと思っていましたし、全国どこもやっていないことをやってやろうと常々思っていました。

野球のまち推進課の廊下には、ユニフォーム姿のＡＢＯの女性のマネキンが案内嬢のように立っています。事務室内には、合宿やツアーに来てくれたチームのユニフォームを展示して、およそ市役所と思えないどこかのプロ野球の球団事務所のようにしました。これだけで、テレビ・新聞が取り上げてくれますし、訪ねて来てくれる人がいるのです。

2　市の事業として困難であれば民営化も視野に？

野球のまち推進事業は、市役所の他の事業と大きく違います。まず、事業を実施する日は、ほとんどの場合が土曜日と日曜日になりますし、毎週のように続きます。２０１９年の活動状況で、年間34事業を実施、開催日数が２００日くらいになりますのでかなり忙しい状況になります。事業に関係する機関や団体のほとんどが、競技団体やチームのため、初めて担当する人は、人を覚えることから始め、覚えるころには、異動してしまうケースが大半であり経験と人脈が生命線の事業としては、長い期間担当してもらうことが必要ですが、なかなかそうはいかないのが現状であると思います。この事業に着手したときから、市役所の事業にはなじまないところが多いので、将来において軌道に乗った時点で民営化を検討すべきであるという考えが示されていたほどです。

3　今後の目標は「野球のまち・草野球の聖地」として、全国が注目する事業に！

野球の聖地と言われるところが3か所あります。それは、高校野球の聖地と言われる阪神甲子園球場、大学野球の聖地と言われる神宮球場、プロ野球と社会人野球の聖地と言われる東京ドームです。

この3か所の上に、草野球の聖地はJAアグリあなんスタジアムと言われるようにしたいという計画なのです。

「草野球」と言うと、「何だ草野球か」と、馬鹿にする人がいると思いますが、よく考えていただきたい。草野球ほど競技人口の多いスポーツは少ないと思います。一説には日本全国で約3万チームあると言われているのです。この大市場を相手に事業を展開する。痛快じゃないでしょうか。全国の野球大好き人間に呼びかけて、野球大好き人間に「こんな町があるのか！」と関心を持ってもらい「野球のまち推進課を訪ねてみたい。整備の行き届いたJAアグリあなんスタジアムで試合がしたい」。そんなチームが2019年度には、200チームくらい来ていただいていますが、草野球の市場は大きく営業の仕方次第では、さらに大きく拡大する要素を持っていると思っています。

第13章 これまでの活動を活かした活動の可能性

1　阿南第一中学校前校長松田雄史先生との出会い

１９９９年から２００７年まで、福祉事務所こども課こども相談室の室長として児童福祉を担当していたのですが、そのころ松田先生は、阿南第一中学校の学年主任をされていてよく相談に来てくださっていました。児童虐待・いじめが社会問題化されてきた時期でした。先生は生徒や保護者の声をよく聞いて、厳しすぎるくらい熱心に対応されていて「熱血先生」として地域では慕われている先生です。２０１９年3月に阿南第一中学校校長を2年間務めたのち退職されてからも、卒業生や保護者からの相談に快く対応されています。

そして、松田先生の相談は、深く家庭に寄り添っている人でなければ相談に応じることができない困難な事例が大半だったのです。そこで、阿南警察署の生活安全課や徳島県児童相談所にお願いして、問題の解決のために「児童家庭支援ネットワーク」という組織を立ち上げ、関係機関が一致協力し対処することにしたところ、対応がしやすくなり、一定の効果があげられるようになったのです。当時の相談体制としては画期的なことだったのです。

そんな取り組みの中で生まれた松田先生との信頼関係は、児童福祉の仕事を離れてからも続いていて、今度は松田先生が前徳島県中学校体育連盟会長という立場から「野球のまち阿南」を東京のイベント企画・記念商品販売業の株式会社コントリビュート（日本中学校体育連盟特別賛助会員）社長の土屋康朗さんに紹介してくださり、関心を抱いた土屋さんが阿南市役所を訪問し岩浅さんに面会、共にスポーツによる町づくりを推進したいとの思いから10万円の寄付を申し出られ協力を確認されたのでした。

2　株式会社コントリビュート社長土屋康朗さんとの出会い

松田先生の紹介で「野球のまち阿南」の取り組みを知った土屋社長から、「阿南市役所を退職したのでしたら、うちの会社に来てもらえないでしょうか」とオファーをいただきました。「会社の役員名簿に〝田上重之〟という名前を載せていただけるだけでよいので顧問になっていただきたい」とおっしゃっていただきました。本当にありがたいことだと思っています。

土屋社長さんは、現在48歳、新進気鋭の実業家で、プロ野球千葉ロッテマリーンズの営業担当から、アマチュアスポーツ大会の記念商品製造・販売、イベントの企画・運営、広告代理店業務、飲食店経営を業務とする会社を起業し、日本中学校体育連盟、全国高等学校体育連盟、日本ソフトボール協会、日本体育協会、全日本軟式野球連盟等多数のスポーツ団体と営業活動を継続されています。

3 「株式会社コントリビュート徳島営業所」の設置と「スポーツで町を元気にする会」の立ち上げ

２０２０年2月21日から株式会社コントリビュートの顧問として、会社の営業方針に基づき事業を進めることになりました。そして、3月1日には、新たにスポーツによる町づくり事業の全国展開を図ることになり、徳島営業所に本格的な事務所を開設しました。空き家になっていた私の持ち家を改装し事務所にすることになり、営業所の所長役も成り行きからお受けせざるを得ない状況になり、顧問から営業所長になってしまいました。

先進地視察として阿南市を訪れていただいた方やテレビや新聞で見た方から「野球のまち」のようにするにはどうしたらよいか教えて欲しいという声が寄せられているようにスポーツで町の活性化を図りたいと考えている人は、大勢いると思います。

7月9日に任意団体「スポーツで町を元気にする会」を立ち上げ、目標を共にする人を集めて、楽しい夢のある町づくりに挑戦したいと考えています。

4　阿南市役所を退職

2019年12月、私は長年勤めた阿南市役所を退職することになりました。

野球のまち推進事業立ち上げから13年間一貫して、野球のまち推進事業を担当させていただき、年間5千人の宿泊客と6千人の日帰り客を獲得することにより、1億3千万円の経済効果をもたらす事業に発展させることができたことと、市民の念願であった富岡西高校を甲子園に導くことに好影響を与えられたことを喜びに感じています。

現在、野球場の規格を満たしている硬式野球場は一か所（JAアグリあなんスタジアム）しかないような状況では、これ以上の実績を上げるのは困難な状況のため既存の野球場を改修して、硬式野球が可能な状況にして、社会人野球や大学野球の合宿誘致に取り組みたいと考えていましたが、市長が代わることになったこともあり、12月6日付で退職させていただくことになりました。

退職してから、全日本早起き野球協会と阿南市あかつき野球連盟の事務局長としての仕事は残っていたのですが、メインの市役所の仕事がなくなったので、日中はあまりすることがなくなり、どうしようかと思いながら書類の整理等をしていたときに、土屋社長から今までの経験と人脈を生かして、民間企業であるコントリビュートで活動しませんかと声をかけていただいたのです。

2か月くらいのんびりさせていただきたいと思いましたがやっぱり、「なにくそ負けてたまるか」と思って人一倍頑張って来た人生、とことんがんばるしかないと思っています。

5　民間の自由な発想により新たな事業に挑戦

(1)　市役所の事業としての取り組みには限界を感じていた

集客に繋がる野球大会の開催・合宿誘致とサポート・野球観光ツアーによる誘客・イベントの開催による賑わいの創出・スタッフの養成事業の実施等を通じて、賑わいを創出することができましたが、趣味として40年以上にわたり全国の野球団体の運営に関わり、その経験と人脈を市役所という行政の中に取り組むことにより、市役所の事業として、発展させることができた極めて珍しいケースだと思います。

引き続き市役所の事業としてこの事業に取り組むためには、野球に精通していることはもとより、全国の野球関係者とのつながりが必要になります。2年や3年で交代する人事体制では習得するまでに違う部署に交代せざるを得ないようになってしまいます。また、土曜日、日曜日が大会やイベントの実施日になるとともに毎週のように事業が続きますので、市役所の他の部署とは、出勤を要する日が大きく違うことなど、市役所の事業になじまない点が多々あります。

市役所の事業としては、難しいが民間の事業として、実施すれば宿泊を斡旋した場合に宿泊施設から、1人あたり何円というように金額を決めておいて、事業運営資金として協賛していただくことにすれば、協賛していただいた方々の資金が事業運営の中で循環していることがはっきりわかるようになるので協力が得やすくなると思います。

退職して少し時間のある人達を大会運営員として登録し、必要に応じて安価の謝礼になりますが、事業運営に参画していただくことにより、就労支援や健康づくりの一助になるような運営方法を確立させたいと思っています。

（2）　野球観光ツアーの全国展開

これからは、株式会社コントリビュートの社員として、全国の野球大好き人間と協力体制を組むことにより、全国各地の有名な野球場（例えば、長野オリンピック記念球場・横浜スタジアム・旭川スタルヒン球場等）を使用させていただくとともに、地元の野球愛好家のチームと遠方から来たチームが対戦し、試合の後も、気の合った者同士が野球談議に花が咲く設営と、その地域を代表する芸能を堪能することができる「野球観光ツアー」の企画を検討しています。

事業を実施する組織も事業所としての株式会社コントリビュートは収益を生む組織として当然必要ですが、全国の野球大好き人間に楽しんでこの事業に参画していただくために、法人化が必要だと考えています。社団法人・ＮＰＯ法人、事業の発展状況を見極めながら立ち上げたいと考えています。

このような事業を実践するために、いろんな能力や経験を持つ人材を広く集めることができる民間の事業として実施する方がこの事業にとっては望ましいと考えています。

(3) にぎわいを創出するイベントの企画運営

徳島県庁の委託事業として株式会社コントリビュートとして実施させていただくことになり、「スマートライフ先取り事業者応援事業」として、「ベースボールフェスティバルin徳島」を実施することになりました。この事業の内容は、元プロ野球選手で構成するチームと地元軟式野球チームの交流試合と中学生を対象とした野球教室および地元の飲食店を10店舗中5店舗で1店舗1000円以上の飲食をするとプロ野球ＯＢ直筆のサイン入りグッズがもらえるスタンプラリーの3項目で構成されています。

この事業は、コロナ禍において、いかにコロナ対策を十分に執りながらスムーズな運営をするかということが重要なポイントです。今までに経験したことのないイベントの運営に悩みながら準備をしていますが、これからはウイズコロナと言われるように、コロナと共存し、コロナに対処しながら運営をしなければいけません。このような状況がしばらく続くと言われているように、今回の事業を通じて、イベント運営のモデル例にしていただけるようになるように頑張りたいと考えています。

今回のイベントを通じて全国野球振興会（日本プロ野球ＯＢクラブ）とお付き合いさせていただく中でＯＢの皆さんのお力をお借りすることによっていろいろな取り組みができ

ると感じました。これからいろんなパターン（全国各地の行政や・新聞放送等マスコミやイベント会社等の企画運営を担当するグループと野球関係団体の試合や大会の運営と観客動員等イベントの告知や周知を担当するグループとプロ野球ＯＢにより技術指導や知名度による集客を担うグループに役割を分担し効率化）の企画書を作成、全国の早起き野球及び軟式野球の団体に提案し、イベントの開催に向けた取り組みを推進したいと考えています。

(4)　幼児から古希までの野球大会の開催

40年余りにわたって早起き野球や軟式野球に関わってきたお陰で、全国各地の野球関係者とお付き合いさせていただくことになり、多くの知己を得ることができたことが私の財産であって、幸せでしたが、今後はこの人脈と幼児から古希までの幅広い野球大会をお世話してきた経験を生かして、全国の野球の発展に協力させていただければと思っています。

(5)　ＡＢＯ60で健康ダンス

現代は超高齢化社会の真っ只中にあります。ＡＢＯ60の皆さんが10年早くデビューしていたらそれほど人気がでていなかったのではないかと考えています。団塊の世代の人達が還暦を迎え仕事を終えてやりたかった野球にチャレンジ還暦野球・古希野球・生涯野球という言葉が生まれ、全国各地で生涯野球という名称のもとに野球大会が開催されるようになった絶好のタイミングでＡＢＯ60という女性たちのチアーは登場したので成功したのではないかと考えています。

その女性たちに高齢者が健康づくりの目的で、毎朝近所の広場や自宅の庭などで気軽に踊れる健康ダンスを開発してもらい、全国に広めていただきたいと考えています。曲目はずばり「栄冠は君に輝く」。甲子園の高校野球にちなんだ楽曲にしていただきたいですね。日本人には甲子園の高校野球は特別な思い入れがあります。元気な高齢者は喜ばれると思います。野球連盟や行政等あらゆる団体に呼びかけて健康ダンスを広めるお手伝いをさせていただきたいと考えています。

また、野球観光ツアーに来てくれた沖縄の還暦野球チームオールウェイズの応援のためについて来た女性達がＡＢＯ60に刺激を受けて結成したチアー「琉球ガールズ」のように全国各地にＡＢＯ60の支部をつくっていくことも楽しいし、面白い取り組みになると思っています。

6　まとめ

日本中には相当な数の草野球の選手や愛好家がいます。今の50歳以上くらいの人達は野球全盛時代に少年時代を過ごした人達で、彼らのように軟式野球を楽しんでいる選手達と有名元プロ野球選手との交流試合を企画したり、プロの高い技術を少年野球や中学野球に野球教室として教えてもらう機会を頻繁に設けることによりレベルアップを図ることも面白い企画になると思っています。

全国各地で活動を続けている野球連盟と呼ばれる組織を運営する人達には、新型コロナウイルス感染症の感染拡大と少子高齢化の影響を受け、チーム編成に支障が出るなど苦心する状況が続いていますが、関係する団体や上部団体等において、協力体制を強化しこの難関を切り抜けて欲しいと願っています。

地域で盛んな野球に着目して、地域のおばちゃんやおじちゃんパワーに活躍の場を創り、全国各地の野球愛好家を呼び込むことに成功した「野球のまち阿南」の経験を思い返し、その地域の特色や潜在的な力を引き出す努力により、スポーツで町を元気にしていく努力を続けたいと考えています。

幸いコントリビュート社長の土屋さんから、阿南市のことだけでなく日本中をスポーツで町を元気にするお誘いをいただき、今までの経験と人脈を生かして、全国の野球大好き人間にご協力をいただくことにより、スポーツで町を元気にできるよう頑張りたいと思います。

第14章 自治体職員による野球観光まちづくりの可能性

（周南公立大学福祉情報学部教授　難波 利光）

1　地方社会の変化

地方社会が、グローバライゼーションの流れについて行けず、地方のローカルな地域コミュニティを中心とした形態であるという現実に直面している。また、地方の進むべき方向性を語るときに、地方分権や地方創生という単語がまちづくりについて話すときによく使われる。ここで用いられる地方は、中央である東京に対して使われる言葉である。最近の地方の文化は、東京で生まれた文化の後追いで作られていることも否めない。しかし、地方都市には、地方で長年に渡り作られてきた伝統文化がある。伝統文化を守ることが、地方都市を守ることの活動になっていることも多い。その活動を通して、地域経済の成長や人材育成を行い、地域を活気づける要因にしている自治体施策もよく見られる。

長年、行政改革の一環として取り組まれている地方分権は、地方分権一括法や三位一体の改革などで勧められる政策は実施されても一向に進まず、地方が独自の施策を打ち出し、自主自立した特色ある自治体を作り上げるまでにはなかなか至っていないと思われる。

また、地方は人口減少や少子高齢化にも歯止めがきかず、回復する見通しが全く立たない状況にある。それに伴い、地方経済は徐々に縮小しており、地域社会が住民個人の生活を支える社会への転換が必要になってきている。そのような中で、地方に魅力を見つけ気に入ったまちに移住や定住を試みる人たちが増加している。中央の都会とは違う生活に憧れ、金銭的な豊かさとは異なった自分の価値を見つけ新しい生活を夢見る人たちである。

地方に魅力を感じる人たちにとって、その地が地方なのか地域なのかという視点が大切である。中央と地方といった視点で捉えるのではなく、地域の課題として捉えることが本書においては重要である。本書においては、阿南市を地方ではなく地域として捉え、地域というエリアで「野球のまちづくり」がどの様に繰り広げられたのかを考えなければならない。すなわち、阿南市の事例は、地方で取り組まれたとか、地方だから取り組んだというようなものではなく、どの地域においてもできることに取り組んだと考えて良い。

地域での取り組みは、その地の住民の生活の場である。人々は、生活の場の安定を求める人と変化を求める人がいる。安定を求める人にとって、変化を求める人々の活動の受け入れは、どの地域においても困難な点がある。その一つとして、世代による地域活動の受け入れ方の違いである。若者の価値観と長年地域に住み続けているシニア層の価値観などは、世代により受け止め方が異なっていると思われる。これまで地域を作ってきたという自負があるシニア層にとって地域社会の変化を受け入れがたいと感じる人も多いのではないだろうか。地域で何かを動かそうとすると、応援してくれる人と反対して足を引っ張る人が必ず出てくる。これは、どの地域でもあることのように思われる。場合によっては、応援してくれていたが、途中から足を引っ張る側に変わってしまう人も見受けられる。これは、地域を変えてくれるという期待と地域を変えると寂しいなどと感じることのジレンマによることも一つの要因ではないだろうか。

そもそも、まちづくりを考えるとき、「まち」をつくると理解する。この時の「まち」とは、物質的な要素と人的な要素により形成されている。この「まちをつくる」訳であるから、既存の「まち」をドラスティックに変化させて作り変えるイメージをもつ。「まち」をそこまでして変えなければいけないのかという疑問が長年住んでいる住民からは出がちである。まちづくりは、この疑問に答える必要がある。それは、住民にとっての生活様式の変化が、住民のアイデンティティを変えるまでに至ることがあるからである。「まち」には、既にコミュニティも存在している。もしかすると、この既存のコミュニティをも崩壊させてしまう可能性も秘めている。

近年、多種多様な価値をお互いに認め合い、ダイバーシティと言われる社会を多くの人が受け入れ、人々の活動に対して各人が緩く関わり合う社会ができ始めていると思われる。緩い関わりは、ドラスティックに変化する地域社会への対応に適している。これまでの地域の強い絆や地域独特の慣習に縛られることを嫌う移住・定住者にとっては、緩い関わりは自然に地域住民への溶け込みを容易にすることができる。

2　行政による宣伝力

私が、阿南市を訪れたのは、２０１７年である。その時、私は、地域をスポーツで活性化させているまちに関心を抱いており、阿南市の取り組みを知りたいと思ったのである。徳島と言えば、野球というイメージを小さい頃から持っていたが、阿南市が野球のまちというイメージはなく、行政が取り組んでいることにも強い興味を抱いたのである。これまでも、地方財政や地域経済を研究している中で、地域の歴史的な社会資源を活用したまちづくりに関心を抱き、地元に根付いたコンテンツを育てなければ住民は盛り上がらないと思っていた。

よくある地域活性化のための取り組みは、今流行っているからとか、どこかの自治体で取り組んでいる内容の物まねが多い。これらの取り組みは、住民にアイデンティティがなく、地域住民と一体となった取り組みにならないケースが多い。特に、地元のシニア層は、受け入れることが難しい。シニア層にとっては、自分の若いときの経験が多いコンテンツが受け入れられやすく協力を得やすいといえる。

地域創生は、住民と共に取り組むことが重要であり、行政が考えた施策を住民の理解を得られないまま取り組むことは望ましくない。また、地域創生は、行政が取り組むべきことであると同時に、民間の力が多く必要になる。住民が、地域を良くするために何をしなければいけないのかを考え、その考えを行政が共に取り組むことがまちづくりには欠かせない考え方である。行政もまた、住民の生活の向上を高めるために、行政が取り組むことが有意であることを積極的に行っていく。多くの行政は、まちの活性化のために何か自治体の知名度を高めるための施策を常に考えているが、自治体のセールスポイントを見つけることができずに苦慮している。行政は、自治体の有しているセールスポイントを人的資源と物的資源の把握をすることで、地域創生の実行をすることができる。

そのような中で、阿南市は、当時市長であった岩浅嘉仁氏と野球のまち推進課の田上重之氏らが一体となり、住民に馴染みのある野球を柱とするスポーツによるまちづくりに取り組んだのである。阿南市は専門の課を作り、対外的に野球のまちであることをアピールするというメディア戦略に積極的に取り組んだのである。

このメディア戦略には、阿南市が今後大きく変化していく過程を予測しながら、現状とは異なった社会が新たに作り出される様子をまちづくりの戦略として取り入れることが必要である。阿南市は、野球に特化した「野球のまちづくり」を掲げたことから、今までのまちのイメージを変化させて作ることになる。行政が、「野球のまちづくり」を行うことから、阿南市としての将来を見据えた方向性の意思が感じられる。他の自治体の住民に対して、野球のまちというイメージを与えることへのインパクトは強い。将来、阿南市と聞けば、「野球のまちでしょ」と言われることが目標になるはずである。しかし、住民が、予想し得ない社会であったり、期待していない社会であるならば、それは、進むべきまちづくりの方向性ではなく、住民と共につくるまちづくりではないことになる。

行政は、公平性の観点から一つの業種や団体を取り上げることに二の足を踏むことが多い。阿南市が、野球を表面に出し打ち出せたことは、徳島といえば野球であるといえるイメージを宣伝効果に上手く乗せることができると判断したことによると思われる。野球のまち推進課もできたことにより、野球にかける行政の本気度を市民に見せることができたといえる。宣伝効果は、ビジネスにおいても重要である。まちづくりを行っている方々に話を聞くと、コンテンツも重要だが、最も重要なのは宣伝効果であると答える。如何に、多くの人に知ってもらえるのかは、ステークホルダーを拡充していく上でも重要であり、成功の秘訣ともいえる。

行政力ともいえる一面が、この宣伝効果を作ることである。行政は、民間事業者や民間団体と比べ、情報発信力が強いといえる。情報を受け止める側は、行政が発信していることから、その情報を安心し信頼して受け止めることができる。また、住民も行政の取り組みであるからこそ一体となり自信をもって発信することが可能になる。

特に、阿南市が上手く「野球のまち阿南」を広げることができたのは、自治体連携や国際連携である。野球交流を、東京都八丈町や長野県上田市などや、更には、モンゴルや台湾と行っている。これらの連携は、行政が先導して作り上げることでできることである。これらの連携は、地域住民間でのＳＮＳなどによるバズで拡散されることが期待できる。

以上の様に、野球のまちのイメージを多くの人に浸透させる力は、行政にある。地域住民を一体にすることができ、国民の多くに浸透しているスポーツを売り出すことで、野球観光ツアーや89番野球寺など、野球に関わる施策を行うことができたといえる。また、野球場などの施設整備、大型イベントの誘致などができたのも実績といえる。

3　野球観光によるコト消費

まちづくりのための物質的な要素と人的な要素は、阿南市の「野球のまちづくり」によって変化が生じる。世の中に、モノを消費する時代からコトを消費する時代になったと言われている。物に対する執着や欲望が少なくなり、無形の財である情報財が消費の対象になってきている。情報財は、場所を限定せず、空間的な場所を要しない。比較的容易に入手することが可能になってきている。この情報財とともに楽しむコトというコト消費が成長産業になっている。

阿南市の「野球のまちづくり」は、コト消費の一つといえる。しかし、野球は、コトを得るために球場という施設が必要であることから、誰でもどこでもという訳にはいかない。野球場は、公的資金で用意されたとしても、それを如何に活用するかは運用する方々の力量による。

阿南市は、野球を観光事業に関連づけて野球観光に取り組んだ。野球人口は多く、草野球ファンに関心を持たせる事業を行ってきた。草野球は、シニア層・社会人・子ども達と多世代に人気である。特に子ども達は、地域社会において地域のスポーツクラブなどネットワークも広い。また、スポーツを通した教育にも活かせることから学校などの教育機関との繋がりもある。子どもが関わる事業は、家族への波及効果があることも有意である。場合によっては、一人の子どもに両親と祖父母の6名が同行することもあり得る。この点は、社会人が一人で関わる事業の6倍の効果が得られることになる。少子化が進み、一人の子どもに対する家族の支出は高まることから、今後もこの効果は期待できる。

人を集め経済効果を生むためには行政が施設整備などに投資しなければならない。施設整備を行った上でまちづくりが上手くいかない場合は、ハコものを作ったものの戦略を立てていない場合である。阿南市の場合、野球施設に来る観客による波及効果の他に、他地域から来る観光戦略に力を入れている。それは、野球という一過性のイベントに税金を多く投入するのではなく、野球試合を通しての集客システムの構築をしているのである。野球イベントは、観光戦略のなかで、観光客を呼び寄せるための一時的なイベントであり、観光事業を継続するための起爆剤になっている。従って、イベントと通常の事業との併用が重要になっている。

野球イベントを通して阿南市に関心を持ってもらうためには、関係者を通したネットワークによる広がりを持たせることが大切である。この様な野球を活用した観光事業を行う上で欠かせないのが、自治体職員による人的ネットワークである。この場合の人的ネットワークは、行政がこれまでの蓄積から得たれた人たちではなく、担当した自治体職員の人的ネットワークが活きると思われる。すなわち、自治体職員の担当が変わると継続的な事業の遂行に影響を及ぼすことがある。行政の事業の継続性は、民間との人的社会資源との関係が強いことがあるため、自治体職員個人のネットワークに依存した場合は事業の継続が難しい場合がある。阿南市の「野球のまちづくり」は、田上重之氏の野球関係者との人的繋がりが作り上げた一面を持っている。

阿南市の取り組みのように観光事業は、物質的な観光から人的繋がりによる観光に広がりが出ている。すなわち、人に会うために行ってみたいという衝動にかられるのである。人に会う衝動は、観光事業を成功させる要因であるリピーターに繋がる。阿南市に行かなければいけない理由を作り、またこの場で会いたいと思うことが観光事業の成功に繋がる。

阿南市の「野球のまちづくり」は、観光事業とリンクさせる経済的なメリットも大きいことになる。この効果は、国内に止まらず、野球文化があるモンゴルや台湾との関係を深めることにより、国際的な観光施策としても期待できる。この様な、人口移動による交流人口の増加は、定住人口を増やすことと同時に阿南市の活性化に繋がる要因である。

以上の様な人的交流は、阿南市の住民と行政との関係性を上手く図らなければ成り立たない。公的なサービスを行政によって提供する対象が住民である。住民は、納税という負担をし、行政サービスという便益を受ける。住民は、行政から受けるサービスを活用しながら、自らが行動選択をし、それぞれの生活を豊かにしている。地域住民にとって地域の利益を考えながら個人の利益を考えることは難しい。しかし、地域の事を考える上でのステークホルダーは、地域住民である。住んでいる地域の将来の利益と自分の利益が一致することは難しい。行政が施策として取り組む事業である草野球が、地域住民として個人の楽しみとして民間や個人の楽しさという利益と一致できるような工夫が求められる。

4　野球と関わるシニア層女性

阿南市は、地域を活性化させる地域住民として、シニア層女性に着目している。シニア層女性は、地域において社交的な一面があるため、人との繋がりを持たせることが得意である。先に見た各種関連企業との連携や他機関との連携は、事業にアレンジをかけるためには必要であり、「野球のまちづくり」に関係する人たちを増やすことに意味をもつ。関係する人たちは、それぞれの役割をもち、「野球のまちづくり」に欠かせない要因になっていく。実際に仕事を共にし作り上げていった人間関係性は、人の繋がりからできるまちづくりには欠かせない人たちになっていく。この関係性は、ソーシャルキャピタルといわれ、特に地域社会を持続的に形成するために必要な要素になっている。

「野球のまちづくり」を通したスポーツへの関わり方は、プレーヤー、観客、応援の三者に分かれる。また、年代的には、子ども、成人、シニア層などでプレーヤーを分類することがある。観客や応援は、年齢で分けられることはないが、プレーヤーを支える人たちとして重要な役割を担っている。観客は、阿南市にとっては観光客として重要であり、今後の阿南市観光の軸になるべき人たちである。応援については、様々な人たちが関わることができることから、地域社会を支えたり、野球の試合を支えたりと人間関係の要になる要員である。スポーツによる地域活性化は、これら三者の役割が必須である。中でも、阿南市が注目したのが、応援である。しかも、この点においても今まで注目していなかったシニア層女性を起用したことが画期的である。

応援は、プレーヤーをより盛り上げる存在であり、試合の場を盛り上げるムードメーカーでもある。この応援へのシニア層女性の起用は、まさに地域社会を支えている力をそのまま起用しているといえる。この方々の地域社会での役割は大きく、「野球のまち阿南」を売り込むためには欠かせない人材である。

誰もが活躍する社会という時代に、野球でジェネレーションを超えて関わることができているのである。特に若者やシニア層の参加は、地方都市での地域活性化に欠かせないものになってきている。減少している若者が地域で活躍し関わることは、地元を知ることによる地元定着に繋がる要因になる。また、地域での割合の多いシニア層は、就労と同時に地域貢献を行える貴重な人材である。シニア層の中でも女性は、長寿化しており人口割合も多く、日頃から子育てなどで地域社会との関わりが多かった経験からコミュニティを形成する中心的な役割を果たすことができる。

この点から、シニア層女性は、野球を支える人材としても活躍が期待されるのである。それが、ＡＢＯ60の活動である。地元のシニア層女性が、草野球を応援している様子は、草野球文化を通して阿南を一つに纏めているかのごとく、一体感を作ることができる。草野球という身近なスポーツは、地域に密着しているシニア層女性の応援によって、より地域の身近な人達の交流を深めることができる。シニア層女性の応援する様子は、阿南の町を元気に支えてきた経緯があるからこそ、草野球を通して地域を一緒に盛り上げたいという、球場での一般応援団との共感を得る力をもっている。それは、ＡＢＯ60のメンバーと話をしたときに強く感じた。ＡＢＯ60のメンバーは、地域でダンスなどを通して地域活動を行ったり、地域と密着した仕事をしてきた方々が多い。中には、公務に携わる方もおられる。日頃から地域の活性化について考え、地元の方々を勇気づけたいと思っているからこそ、ＡＢＯ60での活動が地域活性化に有意義な結果を導いているといえる。

この活動は、阿南市に止まらず、各地に広げることが可能である。私が地域活動を行っていても、シニア層女性のパワーは凄まじいものを感じる。直接野球をする役割ではないが、野球を支えるサポーター的な役割には、非常に適正であると感じる。ＡＢＯ60の方々の活躍は、自分も何か一緒にできることはないだろうかと思わせる機会になる。シニア層が活力を持ち活躍している地域社会は、誰もが何かできると感じることのできる気持ちにさせる。

また、ＡＢＯ60のグッズ販売は、単に野球を応援するだけではなく、草野球を通して、新たな消費者としての野球ファンを獲得しようとしている。野球観戦での選手のプレーを見るだけに止まらず、ＡＢＯ60の応援を目的に野球観戦を楽しむ層が増えていけば、地域経済への影響も期待できる。草野球ファンにより支えられる阿南市の魅力を広げると共に、新たな文化を創造する要因になる。

新たな文化の創造は、人的交流により生まれることがある。特に、シニア層の人生は、まだ30年程度あり新たなシニア層文化を作ることがシニア層の生き甲斐となると思われる。すなわち、地域を動かしていくことができる要素の一つは、関わっている人たちの生き甲斐になることである。情緒的になるが、夢をもつということが大切である。具体的には、地域でやってみたいことをみつけることである。物質的な欲求の社会では、物そのものに固執してしまうことになる。しかし、やりたいことは生き方にも関係することである。先に述べたコト消費に繋がる。コト消費は、多くの人が交わる場を設けることができる。そこには、出会いがチャンスという機会を作ることができる。阿南市でいえば、野球というスポーツによる出会いである。スポーツへの関わり方は、ＡＢＯ60のように、様々な人にチャンスがある。

人は、何かの役割をもち、承認されることで存在感を確認している。生き甲斐は、他者への関わりでそれぞれ何かしら生むことができる。住民のみんなが、何か一つは生き甲斐となる野球関連のコトをみつける支援を周りの人たちと作り出すことができるだけで、野球観光を受け入れる人材を構築することにも繋がる。この人間関係性は、地域での創造的なアイディアにも繋がるきっかけとなる。自分のことだけではなく、人の世話をすることでも、自らの生き甲斐をみつけることにもなる。また、何かを始め、辞めずに続けることで、個人の特徴を見つけ出し、生き甲斐となるものになる。

生き甲斐づくりは、机上ではなく無駄話から生まれたり、多くの偶然に出会った人からの刺激でも作られる。野球というコンテンツを介して、住民全員でまちづくりをすることができるのである。個人の生き甲斐は、関係者にも楽しみを与えることに繋がる。行政は、増加するシニア層に対する施策を様々考えて行く中で、自治体職員自身がシニア層になった時に、地域住民として如何なる生き甲斐を見つけることができるのかが、地域社会の創造に大きく寄与するといえる。

5　リタイア後の自治体職員

自治体職員は、公共という業務を長年してきたことから公共性の感覚をもっている。まちづくりは、公も民も行うが、公的な役割をもつ立場の業務からまちづくりを考えてきたことから、行政が取り組むまちづくりを熟知している。住民は、日頃から公的なサービスや社会資源を活用しているものの、なかなか公共性を身につけることは大変である。もう一つの民が行うまちづくりは、営利を伴う私的な視点を重視した活動になる。現在のまちづくりは、公共的な視点と民間的な視点を有する事業がメインになりつつある。リタイアした自治体職員は、現役時代に民間的な視点を持ちながら業務を行っていくことで、バランス良くまちづくりを行うことができる。これからの時代のまちづくりには、民間に公共性意識をもち、行政には経営意識をもつことが求められることから、民間意識をもったリタイアした自治体職員の活躍は期待できる。

今後、行政と民間の連携事業に取り組むとき、一般的には、官民混合企業体が担う。これは、官民双方の出資によって設立した会社が運営することになる。この形態でまちづくりを行うと行政から民間に税金が流れていく構図になり、上手く資金を回すことができない事例が多い。「野球のまちづくり」を行政から離して運営をしていくためには、民間の志向を大切にし、公的な視点も重視する形態に変えることも必要である。リタイアした自治体職員は、この視点を持つことができ、公共性を維持しながら民間的な運営を行うことができると考えられる。地方自治体の財政は、今後も厳しくなることが予想される。地方のまちづくりの現実味を帯びた運営方法が、今後の阿南市の「野球のまちづくり」に期待できる。

自治体職員は、法令の解釈や助成金などの役所で得られた経験を活かすことが得意とされており、民間においても活かすことのできる能力である。その他に、自治体職員業務で培われた関係者との調整能力は大いに活かすことができる。また、自治体職員の業務の多くは福祉に関わるものであり、シニア層や子ども達など業務上の福祉的視点を活かした発想も豊富である。自治体職員の業務は、おおよそ3年ごとで配属転換があり、地域社会の様々な局面で社会を見ることができる。このことから、自治体職員の行政職は、民間人材と比べて決して一つの物事を極めているスペシャリストとは言いがたい面がある。しかし、自治体職員は、所属している自治体の地域状況を把握し、地域の人的ネットワークを広く有していることから、住民の要望するまちづくりに関わる地域の人的資源として必要不可欠な者であるといえる。

自治体職員が、地域の公務員として活躍をする原動力になるものが、地域住民との日常での関係性である。地域住民との密接な話し合いや活動を日頃から送ってきていることが必要である。そこで持つ視点が、公務員であると同時に住民としての生活である。自治体職員は、地域住民との距離感が近い業務を行い住民のためになる仕事に従事している。地方公務員としての公的サービスを行うだけではなく、「新しい公共（ニュー・パブリック・マネジメント）」でも言われるように、民間からの目線で行政の役割を見直すことが必要であることが指摘されてきていた。公と私との関係が自治体職員として難しくなってきている中で、地域との繋がりを如何に持つのかを「野球のまちづくり」の取り組みが分かりやすく説明しているように思われる。公共的なまちづくりが、地域住民との協働を行うことで新たなまちづくりの形を作ってきたといえる。阿南市の「野球のまちづくり」の取り組みは、行政と共に民間事業者と住民が一体になっていることが特徴である。行政がまちづくりを行う場合、行政が主導か民間や住民主導かが課題となる。

住民主導で行う時、自治体職員がリタイアした後に活躍する場を設けることができる。それが、自治体職員のセカンドキャリア（第2の職業）である。この人たちは、地方都市においては特に地域経済の成長のためにも必要であると考える。地方都市にとって、人的社会資源の減少は深刻な状況にあり、人口減少・高齢社会にある地域を支える人材をいかに創造するのかは課題の一つである。公共的な仕事に従事し、人的ネットワークを有している自治体職員は、この点で活躍できる要素を持っている。自治体職員のセカンドキャリアを考えるときに、既存の企業や団体への就職をこれまでの部署で経験したキャリアを活かして就くことを考えることは多い。しかし、地域経済を動かす人材として起業することを選択することは必要である。公務で取り組んできたことを、民間人として取り組むことができる人材を創造することが重要である。

田上重之氏は、阿南市での自治体職員として長年業務にあたり、広く阿南市の地方社会を熟知している。彼は、草野球という得意のフィールドを活用して、阿南市の地域経済へ貢献している。また、自治体職員としてみてきたシニア層の状況も踏まえ、シニア層女性の活躍の場を見いだし、地域コミュニティとの連携を上手く図る人材の発掘にも寄与している。自治体職員という公共サービスの視点を得てきたからこそ見える民間での活躍の場の創造は、田上重之氏のセカンドキャリアに影響を及ぼしている。彼の築いてきた草野球を通した活動は、プロ野球関係者との交流にも結びつけながら、今後の阿南市を中心とした「野球のまち阿南」というキャッチフレーズを更に広めることが期待できる。

資料1　野球のまち阿南年表

年	月	日	事柄
1994	6	7	第10回西日本早起き野球大会を阿南市で開催（阿南市民グラウンド外2球場）
1998	8	29	第2回西日本生涯野球大会開催（羽ノ浦ウラウンド外1球場）
2005	5	28	長野県上田市で開催の全日本生涯野球大会に岩浅さんと共に視察
2007	4	22	第10回西日本生涯野球阿南大会開催
	5	20	徳島県南部健康運動公園野球場がオープン
	5	27	日本宝くじ協会主催「ドリーム・ベースボール」開催プロ野球名球会来る。
	6	2	第23回西日本早起き野球大会開催
	6	27	野球のまち阿南推進協議会設立・事務局長就任
	7	15	第1回マルハンドリームカップ草野球大会開催
	8	25	徳島インディゴソックスの選手のホームステイを実施（以後08年09年実施）
	10	21	阿南市生涯野球連盟結成
2008	3	22	阿南市制施行50周年記念事業に欽ちゃん球団（萩本欽一さんが監督を務める茨城ゴールデンゴールズ）が徳島インディゴソックスと親善試合を実施した。
	3	28	四国九州IL6チームトーナメント戦開催
	4	4	野球のまち阿南推進協議会講演会に大沢啓二氏を招く。
	4	18	高津義信氏からマリナーズイチロー選手のユニホームが贈呈された。
	4	19	第1回西日本生涯還暦野球大会開催（以後同時期に毎年開催）

年	月	日	事柄
2008	8	8	第1回マスターズ甲子園徳島大会開催（以後同時期に毎年開催）
	10	19	第1回まちかどミュージアム（阿南駅前ステーションプラザ）開催
	10	19	第2回マルハンドリームカップ草野球大会四国大会開催
	12	21	まちかどミュージアム（徳島駅前そごう百貨店）開催
2009	2	9	全日本早起き野球協会　事務局長に就任
	3	28	プロ野球マスターズリーグ　大阪ロマンズ対札幌アンビシャス公式戦開催
	8	6	大阪市立大学野球部夏季キャンプが初めて実施された。
	10	18	桑田真澄講演会を開催
	11	23	野球観光ツアー第1号　全国を野球で旅する会　オール三重早春会　国府球友クラブ
	11	29	野球観光ツアー第2号　東京　墨田ダンディーズ　阿南還球会
2010	4	1	野球のまち推進課創設
	7	10	西日本早起き野球岡山大会でミラクルが準優勝
	10	29	千葉県市原市で全日本早起き野球協会創立30周年記念式典開催
	12	2	共同通信社の配信により「野球のまち」が全国各地の新聞に紹介される。
	12	20	四国放送の番組「おはようとくしま」出演
2011	1	31	新潟県高野連・富樫理事長から佐渡高校合宿依頼の電話あり。
	2	4	ベースボールマガジン社刊「野球場物語」に野球のまち阿南が紹介される。
	2	9	八丈町議会議員8名が視察のため来市
	2	25	阿南市とサッポロビール株式会社の間でまちづくり協定締結

年	月	日	事柄
2011	3	2	NHKラジオ「ここはふるさとふるさと旅するラジオ」に出演
	3	7	野球のまち阿南公式ホームページ公開
	3	13	新潟県立佐渡高校野球部（新潟）が阿南で強化合宿（13～16日）
	4	23	四国放送ラジオに出演
	4	29	女子プロ野球遠征シリーズ開幕戦を阿南で開催
	5	13	第5回西日本古希軟式野球大会開催　参加33チーム県外32チーム
	5	17	AMA連携協議会総会時講演（ロイヤルガーデンホテル）
	6	2	オーストラリア野球連盟渉外部長デニー・マルヤマ氏来る。
	8	16	関西テレビニュースアンカー出演
	8	27	オーストラリア　グアムから視察団（デニーマルヤマ氏外3名）来る。（27～29日）
2012	3	12	地球環境高校野球部（長野）が阿南で強化合宿（11～16日）
	5	21	白鵬野球基金で野球指導にモンゴルを訪問
	8	3	交流事業で新潟市を訪問　8／3～8／5
	8	31	映画「モンゴル野球青春記」撮影協力阿南ロケ　8／31～9／7
	11	16	国土交通省第1回ツーリズムカンファレンスで紹介される。（早稲田大学）
2013	3	14	国土交通省第1回スポーツツーリズムコンベンション事例発表（早稲田大学）
	5	5	NHKのど自慢で野球のまち阿南が紹介される。
	7	22	阿南モンゴル野球交流訪問団でモンゴルを訪問（22～25日）
	7	27	第17回西日本生涯野球大会開催

年	月	日	事柄
2013	8	1	野球のまち阿南第1回全国少年野球大会開催（1～4日）以後毎年同時期に開催
	9	6	第8回中・四国還暦軟式野球大会開催（中四国9県持ち回り開催）
	12	15	プロ野球選手会「キャッチボールクラシック」開催
2014	1	10	ABO60結成の相談あり
	2	16	東京都八丈島八丈町で「モンゴル野球青春記」上映
	3	13	日本文理高校野球部(新潟）阿南で強化合宿（13～16日）
	4	19	ABO60第7回西日本生涯還暦野球大会開会式のセレモニーでデビュー
	4	25	日本モンゴル野球交流事業記念誌　発刊
	8	1	野球のまちテーマソング「阿南へ行こう」「阿南球場のうた」CD発売
	8	24	島根県奥出雲町を交流事業で訪問（阿波踊り奴連が参加）
	10	5	日本宝くじ協会が主催する「ドリーム・ベースボール」開催プロ野球名球会来る。
2015	3	8	福井県敦賀気比高校野球部が阿南で強化合宿（7～11日）
	3	13	松商学園高校野球部（長野）が阿南で強化合宿（13～16日）
	3	21	東京都八丈島八丈町を交流事業で訪問
	4	1	敦賀気比高校選抜優勝
	5	28	推進協議会総会記念講演に二宮清純氏来る。
	6	14	流通経済大学・全日本大学野球選手権大会で準優勝
	7	19	阿南市屋内多目的施設落成式
	8	21	阿南市内の少年野球チームをモンゴルに派遣

年	月	日	事柄
2015	8	21	東京六大学野球オールスターゲームin阿南の開催
	9	6	第7回中四国身体障害者野球大会の開催
	10	18	キャッチボールクラシック2015徳島県予選開会（プロ野球選手会）
	11	8	第1回徳島県500歳野球大会の開催
2016	2	6	日本プロ野球機構侍ジャパンスキルアップ講習会
	3	9	敦賀気比高校野球部（福井）が阿南で強化合宿（7～14日）
	4	16	愛知県田原青年会議所研修会で講演する。
	6	2	福島県鏡石町菊地清氏からロゴマーク贈られる。
	6	11	～13　長野県上田市・阿南町を野球交流事業で訪問。
	11	18	第1回全日本生涯還暦大会を阿南市で開催
	12	5	社会人野球チームの三菱重工広島が阿南での春季合宿決定
	12	23	～25　ベースボールウインターキャンプin阿南開催
2017	2	22	社会人野球三菱重工広島が合宿
	3	6	富山県立高岡商業高校野球部（富山）阿南で強化合宿（4～8日）
	3	10	福井工業大学付属高校野球部（福井）阿南で強化合宿（10～14日）
	3	19	89番野球寺落成式
	5	20	JA全農WCBF少年野球教室開催
	6	3	中国プロ野球天津ライオンズ合宿（3～10日）
	7	19	モンゴル少年野球チームが阿南で開催の少年全国大会出場のため阿南市に到着

年	月	日	事柄
2017	7	20	モンゴル少年野球チームが少年全国大会エキジビションゲームで、モンゴルとの野球交流を拓いたかつての那賀川町体育協会の選手と親善試合を行った。
	10	12	鹿児島県庁から依頼があり鹿児島県スポーツ合宿研修会で講演
	10	14	長崎県島原市へ野球交流事業で訪問（14～16日）
	11	1	国土交通省「人と国土」に論文が掲載される。
	11	13	共同通信社から取材があり全国に野球のまちの取り組みが紹介された。
	12	31	徳島新聞1面に台湾交流の記事が掲載される。
2018	2	9	台湾から幼児野球チームが阿南で合宿（9～10日）
	2	22	社会人野球チーム三菱重工広島阿南での春季合宿（22～26日）
	3	4	富山県立富山商業高校野球部（富山）合宿（4～9日）
	3	10	石川県日本航空高校野球部（石川）合宿（10～14日）
	3	15	阿南駅西口に野球のまち特設展示場兼待合室「キラキラあなん」オープン
	3	17	プロ野球ＯＢオールスターゲーム開催
	4	14	モンゴル歌舞団阿南公演がコスモホールで開催される。
	6	9	台湾フェスティバル（台湾社会人野球チーム招待・台湾フェスタ）（9～10日）
	6	14	社団法人ささゆり会から野球のまち推進協議会に100万円の寄付金を頂く
	6	15	週刊ベースボールに台湾フェスティバルのことが掲載される。
	6	23	一般社団法人新ささゆり会設立総会
	7	8	中国北京の中高生合宿受け入れ

年	月	日	事　柄
2018	7	18	日本テレビ「世界で一番受けたい授業」収録
	8	5	中国北京の小学生合宿受け入れ
	10	5	宝くじ協会主催　ドリームベースボールでプロ野球名球会来る。
	12	21	中国深圳市野球協会一行来る。
2019	1	1	鹿児島県奄美市の奄美新聞の正月号に「野球のまち」の取り組みが掲載された。
	1	25	富岡西高校野球部選抜出場決定
	2	9	ティーボール体験会を始めて開催。講師：アジアティーボール連盟丸山克俊理事長
	2	19	社会人野球三菱重工広島チーム合宿（19～28日）
	3	8	啓新高校野球部（福井）阿南で強化合宿（8～12日）
	3	26	富岡西高校選抜1回戦東邦高校と対戦1対3で敗れる。
	4	1	阿南市参与に就任
	6	15	全日本大学軟式野球連盟技術選考会が開催される。
	7	5	モンゴル国ダンバダルジャー・バッチシャルガル全権大使来る。
	7	9	ABO60振り込め詐欺防止キャンペーンDVD完成
	8	18	中国深圳市野球協会少年野球チーム来市
	9	19	フォーブスジャパン11月号取材（19～20日）
	10	31	フォーブスジャパンスポーツビジネスアワード2019ローカルヒーロー賞受賞
	11	20	NHKサンデースポーツ取材大越健介キャスター来る。
	12	6	阿南市役所を退職

年	月	日	事柄
2019	12	7	コレゾ（COREZO）賞受賞
2020	2	21	株式会社コントリビュート顧問に就任
	3	1	株式会社コントリビュート徳島営業所開設　所長就任
	7	9	スポーツで町を元気にする会創設

資料2　北信越地区選抜出場高校の阿南での大会直前合宿と甲子園での戦績

年	学校名	都道府県	合宿期間	甲子園の戦績　対戦高と得点結果	
11	佐渡高校	新潟県	3月13日〜16日	1対8　智弁和歌山高校（和歌山県）	1回戦
12	地球環境高校	長野県	3月11日〜16日	2対5　履正社高校（大阪府）	1回戦
14	日本文理高校	新潟県	3月13日〜16日	3対4　豊川工業高校（愛知県）	1回戦
15	敦賀気比高校	福井県	3月7日〜11日	3対0　奈良大付属高校（奈良県）	1回戦
				2対1　仙台育英高校（宮城県）	2回戦
				4対3　静岡高校（静岡県）	準々決勝
				11対0　大大阪桐蔭高校（大阪府）	準決勝
				3対1　東海大第四高校（北海道）	決勝
	松商学園高校	長野県	3月13日〜16日	1対4　県立岐阜商業高校（岐阜県）	1回戦
16	敦賀気比高校	福井県	3月9日〜14日	1対0　青森山田高校（青森県）	1回戦
				1対2　長崎海星高校（長崎県）	2回戦
17	高岡商業高校	富山県	3月5日〜8日	9対10　盛岡大付属高校（岩手県）	1回戦
	福井工大付属福井高校	福井県	3月10日〜13日	6対4　仙台育英高校（宮城県）	1回戦
				7対7延長15回　高崎健康福祉大高崎高校（群馬県）	2回戦
				2対10　高崎健康福祉大高崎高校（群馬県）	〃再試合
18	富山商業高校	富山県	3月4日〜9日	2対4　智弁和歌山高校（和歌山県）	2回戦

年	学校名	都道府県	合宿期間	甲子園の戦績　対戦高と得点結果	
18	日本航空石川高校	石川県	3月10日~14日	10対0　膳所高校（滋賀県）	2回戦
				3対1　明徳義塾高校（高知県）	3回戦
				1対3　東海大相模高校（神奈川県）	準々決勝
19	啓新高校	福井県	3月8日~12日	5対3　桐蔭学園高校（神奈川県）	1回戦
				2対5　智辯和歌山高校（和歌山県）	2回戦

資料3　野球（ソフトボール）観光ツアー参加チーム一覧

年	月	日	チーム名	都道府県
09	11	22	オール三重 早春会	三重県
	11	28	墨田ダンディーズ	東京都
10	3	20	七宝野球クラブ	高知県
	3	20	YANKEES	高知県
	6	18	宇部カッタ君	山口県
	6	18	瀬戸内パイレーツ	愛媛県
	6	26	野洲球友クラブ	滋賀県
	7	3	一宮OB野球部	愛知県
	8	21~22	西宮甲子園シニア	兵庫県
	9	24	袋井アウルズ	静岡県
11	3	19	YANKEES	高知県
	3	19	レッドタイガース	大阪府
	3	26	福龍水産	高知県
	3	26	ハカタ貨物野球部	高知県
	4	29	野洲球友クラブ	滋賀県
			大東ユニオン	大阪府
	6	11	土佐清水病院	高知県

年	月	日	チーム名	都道府県
11	7	2~3	大阪シニアハイシニア	大阪府
	10	15	RBC	大阪府
	10	14	八丈フェニックス	
			フェニックス古稀	東京都
	11	19	飯田一番鶏の会	長野県
	11	26	和	滋賀県
12	3	18	成光建設	高知県
	4	28	レッドタイガース	大阪府
	5	3	TUBE RAIDERS	大阪府
	5	12	柳川クラブ	大阪府
	5	12	大阪シニアフェローズ	大阪府
	5	12	八尾シニアハイシニア	大阪府
	5	12	大阪シニアハイシニア	大阪府
	10	13	RBC	大阪府
	10	14	和	滋賀県
	11	17	野洲球友クラブ	滋賀県
	11	17	大安クラブ	三重県

年	月	日	チーム名	都道府県
12	11	17	瀧江クラブ	長野県
	11	14	奈良マスターズ	奈良県
13	2	23	税務研究会	東京都
	3	23	メイジャ・マクレ東京 日本健康スローピッチソフトボール連盟	東京都
	3	23	メイジャ・マクレ竹原	広島県
	4	28	TUBE RAIDERS	大阪府
	4	29	レッドタイガース	大阪府
	4	29	ブルーインパルス	大阪府
	5	11	大阪シニアハイシニア 大阪シニアフェローズ	大阪府
	6	9	奥出雲マスターズ	島根県
	10	13	丸亀寿球友会	香川県
	10	14	盟球倶楽部	兵庫県
	11	16	RBC	大阪府
	11	16	一宮OB	愛知県
	11	23~24	野洲市早朝野球連盟	滋賀県
	11	23	門真OBボーイズ	大阪府
	11	27	阪神ロイヤルズ	兵庫県

年	月	日	チーム名	都道府県
14	3	8	ジャパン東京	東京都
	3	8~9	メイジャ・マクレ東京	東京都
	3	8~9	メイジャ・マクレ竹原	広島県
	3	8~9	天満会	広島県
	3	8~9	河内ゴールドクラブ	広島県
	3	8~9	尾道セブン	広島県
	4	12	山三オールドクラブ	島根県
	4	29	京ケ峰岡田病院	愛知県
	5	3	レッドタイガース	大阪府
	5	3	ブルーインパルス	大阪府
	5	3	TUBE RAIDERS	大阪府
	5	17~18	大阪鶴見クラブ	大阪府
	5	17~18	堺フレンズ	大阪府
	5	17~18	大阪ハイシニアフェローズ	大阪府
	5	17	甲子園シニア	兵庫県
	6	14	大安クラブ	三重県
	6	14	奥出雲マスターズ	島根県
	6	14	宇部カッタ君	山口県
	10	11	祥家クラブ	沖縄県

年	月	日	チーム名	都道府県
14	10	11	首里クラブ	沖縄県
	10	11	高岡シニア	富山県
	11	12	福知山クラブ	京都府
	11	12	堺グランスターズ	大阪府
	11	22	一宮OB	愛知県
15	5	3	TUBE RAIDERS	大阪府
	5	13	堺グランスターズ	大阪府
	5	13	スーパーエリート	大阪府
	6	20	奥出雲マスターズ	島根県
	6	20	京ケ峰岡田病院	愛知県
	7	11〜12	大阪鶴見シニア	大阪府
	7	11〜12	大阪シニア	大阪府
	7	11〜12	大阪シニアフェローズ	大阪府
	7	11〜12	大阪ベイブルース	大阪府
	11	28	小野体育振興公社	京都府
16	5	4	TUBE RAIDERS	大阪府
	5	4	レッドタイガース	大阪府
	6	1	半田ゴールド	愛知県
	6	19	奥出雲マスターズ	島根県

年	月	日	チーム名	都道府県
16	6	25〜26	大阪シニアハイシニア	大阪府
	6	25〜26	大阪ハイシニアフェローズ	大阪府
	6	25〜26	堺フレンズ	大阪府
	6	25〜26	堺シニア	大阪府
	10	15	広島キューピーズ	広島県
	10	15	大阪ベイブルース	大阪府
	11	26	三菱食品	大阪府
	11	27	墨田ダンディーズ	東京都
17	5	4	TUBE RAIDERS	大阪府
	6	14	半田ゴールド	愛知県
	6	17	奥出雲マスターズ	島根県
	6	24〜25	大阪シニアハイシニア	大阪府
	6	24〜25	大阪ハイシニアフェローズ	大阪府
	6	24〜25	堺フレンズ	大阪府
	7	16	レッドタイガース	大阪府
	7	16	京ケ峰岡田病院	愛知県
	11	19	八丈フェニックス	東京都
	11	19	with baseball club	大阪府
	11	25	小矢部メルヘン	富山県

年	月	日	チーム名	都道府県
17	11	25	門真OBボーイズ	大阪府
	11	26	大阪ベイブルース	大阪府
	11	26	松江ミラクル	島根県
18	5	3	TUBE RAIDERS	大阪府
	7	18	半田ゴールド	愛知県
	7	21	島原市役所野球部	長崎県
	10	14	with baseball club	大阪府
	10	14	柳井スーパーシニア還暦	山口県
	11	3	大阪ベイブルース	大阪府
	11	3	京ケ峰岡田病院	愛知県
	11	24	門真OBボーイズ	大阪府
	11	24	OKクラブ	大阪府
19	5	3	TUBE RAIDERS	大阪府
	5	3	Aoenoido	岡山県
	5	4	野洲市早朝野球連盟	滋賀県
	6	22〜23	大阪シニア	大阪府
	6	22〜23	大阪ハイシニアフェローズ	大阪府
	6	22〜23	堺フレンズ	大阪府
	11	20	半田ゴールド	愛知県

年	月	日	チーム名	都道府県
19	11	23	大阪ベイブルース	大阪府
	11	23	京ケ峰岡田病院	愛知県
	11	24	with baseball club	大阪府
	11	24	ベイスターズ	大阪府
	11	24	大阪ダイナマイツ	大阪府

■執筆者紹介

田上　重之（たがみ　しげゆき）編著者

1952年７月、徳島県阿南市に生まれる。徳島県立富岡西高等学校卒業。阿南市あかつき野球連盟事務局長。全日本早起き野球協会専務理事兼事務局長。
阿南市役所では、産業部野球のまち推進課長就任の後、定年退職。その後、阿南市嘱託職員となり、参与・野球のまち推進監を歴任。その間、全日本早起き野球大会・東京六大学野球オールスターゲーム等を開催し、大会事務局長を務め、2019年フォーブスジャパンスポーツビジネスアワードローカルヒーロー賞を受賞。2019年12月、阿南市役所を退職後、COREZO（コレゾ）賞を受賞。2022年３月、徳島県出版文化賞特別賞を受賞。2022年７月、野球伝来150年を記念し、日本プロ野球機構から阿南市（野球のまち）が聖地・名所に選出された。現在は、一般社団法人野球でまちを元気にする会代表理事。

難波　利光（なんば　としみつ）第14章執筆

周南公立大学福祉情報学部教授・学部長兼学長補佐
中四国商経学会会長・山田方谷研究会会長
最終学歴：北九州市立大学社会システム研究科博士後期課程修了（学術博士）
主な著書に、難波利光編著『地域の持続可能性―下関市からの発信』2017年 学文社、難波利光・坂本毅啓編著『雇用創出と地域―地域経済・福祉・国際視点からのアプローチ』2017年 大学教育出版、高橋和幸・難波利光編著『大学教育とキャリア教育―社会人基礎力をキャリア形成に繋げる』2015年 五絃社。

野球のまち阿南をつくった男

2021年5月30日　初版第1刷発行
2023年10月30日　初版第2刷発行

■編 著 者—— 田上重之
■発 行 者—— 佐藤　守
■発 行 所—— 株式会社 大学教育出版
〒700-0953　岡山市南区西市855－4
電話(086)244-1268(代)　FAX(086)246-0294
■D　T　P—— 難波田見子
■印刷製本—— モリモト印刷(株)

ISBN978－4－86692－120－4